숲으로 읽는 그림책테라피

일러두기

- 하나_숲과 그림책 더하기 테라피에서 '숲이 우리의 미래다'는 김성범이,
  '그림책으로 마음을 읽다'는 황진희가, '숲과 그림책이 만나다'는 김성범, 황진희가 썼습니다.
- 이 책에 사용한 그림책 저작권은 모두 해당 출판사의 허락을 받았습니다.
- 서지 정보(제목, 인명)는 표지의 표기를 따랐습니다.
- 이 책에 사용한 사진은 모두 초상권자의 허락을 구하였습니다.

다음별
컬렉션
02

숲으로 읽는
그림책테라피

김성범·황진희 지음

나는별

| 들어가는 말 |

숲과 그림책은
위안이자 치유입니다

녹음이 짙게 드리워진 숲이나 골짜기의 물소리가 들리는 숲에 둘러앉아 그림책을 읽는 모습은 상상만으로도 마음이 포근해집니다. 유아숲체험원을 준비하면서 여러 번 마음으로 그려 본 풍경이지요. 하지만 정작 숲놀이를 진행하면서 아이들에게 그림책을 읽어 주는 시간은 그리 많지 않았습니다. 숲은 날마다 변하는 365일짜리 책과 같았기 때문이지요. 그림책을 준비해 간다고 해도 숲속에서는 책이 비집고 들어갈 틈이 없었습니다. 날마다 예측하지 못한 일이 일어나니 그날의 숲놀이에 걸맞은 그림책을 미리 준비하기도 어려웠고요. 물론 상황이 어떻든 준비해 간 그림책을 읽어 줄 수는 있었어요. 하지만 그렇게 한다면 공간만 숲으로 바뀌었을 뿐 교실과 뭐가 다를까 하는 생각도 들었습니다. 그래서 특별한 경우를 빼고는 숲에서 일부러 그림책을 읽어 주지는 않았습니다.

대신 다른 방법을 찾아냈지요. 숲에서는 어린이들을 자유롭게 놀게 하고, 돌아와 실내 활동을 할 때 그림책을 읽어 주기로요. 이렇게 하면 숲에서 겪은 상황에 들어맞는 그림책을 찾아서 읽어 줄 수 있으니 생각의 깊이와 감성의 넓이를 확장할 수 있는 바람직한 그림책 읽기라는 생각이 들었습니다.

그런 까닭에 《숲으로 읽는 그림책테라피》는 어린이들과 숲놀이를 한 뒤 그 상황에 맞는 그림책을 소개하는 형식으로 엮었습니다. 실제로 했던 숲놀이가 바탕이어서 어린이집, 유치원, 학교에서도 공감하며 읽을 수 있을 거라 생각합니다. 또한 이 책은 숲과 그림책을 처음 접하거나 공부하는 사람들을 위하여 간략하게 개념 정리를 해 두어서 현장에서 활동하는 교사나 학부모, 그리고 숲교육 관계자의 안내서 역할을 할 것이라 기대합니다.

특히 제목에서 알 수 있듯이 숲과 그림책으로 이야기할 수 있는 테라피 요소를 고민하며 책을 기획하였습니다. 굳이 테라피의 의미가 무엇인지 따져 묻지 않더라도 숲에 드는 것만으로도, 그림책을 읽는 것만으로도 많은 사람은 휴식과 위로와 위안을 받습니다.

숲과 그림책은 어떠한 방향으로 해석하고 읽든 미래를 살아갈 어린이들에게 가장 근본적인 위로이고 위안이며, 최고의 교육임과 동시에 치유로 작용할 것입니다. 숲과 그림책이 인간 본연의 모습에 맞닿아 있기 때문입니다. 많은 사람이 이 책을 함께 읽으며 숲과 그림책에 대해 다시 생각하고 고민하는 기회가 되기를 바랍니다.

2019년 9월
김성범

차례

| 들어가는 말 |
숲과 그림책은 위안이자 치유입니다 • 4

하나 숲과 그림책 더하기 테라피

숲이 우리의 미래다 • 10

우리가 사는 세상을 되돌아보아요
어린이가 살아갈 미래는 어떤 세상일까요?
숲은 교육의 혁명입니다
숲에서 무엇을 배울 수 있나요?
올바른 교육이 테라피입니다

그림책으로 마음을 읽다 • 34

글과 그림이 어우러진 그림책
그림책의 매력은 무엇일까요?
그림책테라피란 무엇일까요?
공감과 위로, 그림책테라피의 선물

숲과 그림책이 만나다 • 44

몸을 여는 숲, 마음을 여는 그림책
숲과 그림책이 테라피입니다
사람이 테라피입니다

둘 숲에서 찾는 행복 그림책

숲에서 나를 찾다 • 56

숲놀이 | 엄마, 내 양말 젖어도 돼요? **그림책 읽기 |** 양말 한 짝을 버릴 자유
숲놀이 | 시를 써야만 놀 수 있다고요? **그림책 읽기 |** 느낌이 시가 되는 순간
숲놀이 | 바람이 마음의 문을 열었어요 **그림책 읽기 |** 큰 품에 안긴 날
숲놀이 | 재밌다고 생각하면 무섭지 않아요 **그림책 읽기 |** 두려움과 마주 서는 방법
숲놀이 | 사다리를 만들 거예요 **그림책 읽기 |** 관심이라는 멋진 선물
숲놀이 | 한 번만 더 하면 안 돼요? **그림책 읽기 |** 따뜻한 시선으로 바라보기
숲놀이 | 이파리 사이로 하늘을 봐요 **그림책 읽기 |** 게으를 때 발견한 내 세상

숲에게 위로를 받다 • 110

숲놀이 | 솔방울 전화를 걸어요 **그림책 읽기 |** 부르고 싶은 이름, 엄마
숲놀이 | 개구리 무덤을 만들어요 **그림책 읽기 |** 잘 맞이하고, 잘 보내기
숲놀이 | 새는 어느 둥지에 들까요? **그림책 읽기 |** 집은 추억을 담는 곳
숲놀이 | 귀 기울여 주세요 **그림책 읽기 |** 포용이 낳는 믿음
숲놀이 | 나뭇잎으로 우리 가족을 그려요 **그림책 읽기 |** 함께하고 싶은 가족
숲놀이 | 나무와 친구가 되었어요 **그림책 읽기 |** 사랑해야 보이는 것
숲놀이 | 아빠, 숲에서 놀아요 **그림책 읽기 |** 아빠랑 함께한 시간

숲에게 묻다 • 166

숲놀이 | 숲은 위험한 곳이 아니에요 **그림책 읽기 |** 과도한 친절은 폭력
숲놀이 | 나눠 먹으면 더 맛있어요 **그림책 읽기 |** 말로 설명할 수 없는 행동
숲놀이 | 네 발로 걸을래요 **그림책 읽기 |** 숲에서 찾아야 할 것
숲놀이 | 엄마, 화장실 가도 돼요? **그림책 읽기 |** 가시를 없애 버린 아이들
숲놀이 | 밤송이야, 사랑해. 정말정말 사랑해! **그림책 읽기 |** 사랑이라는 마법의 말
숲놀이 | 우리, 숲에게 물어보아요 **그림책 읽기 |** 모든 목숨은 소중한 것

| 나가는 말 |
숲과 그림책은 닮았어요 • 214

| 함께 읽은 그림책 목록 | • 216

하나

숲과 그림책 더하기 테라피

숲이 우리의 미래다
그림책으로 마음을 읽다
숲과 그림책이 만나다

숲이
우리의 미래다

우리가 사는 세상을 되돌아보아요

숲의 소중함을 말하는 많은 사람들이 숲을 환경과 연결지어 이야기합니다. 환경의 중요함이야 아무리 강조해도 부족하지요. 그런데 숲이 우리의 행복이나 아이들의 교육과 밀접한 관계가 있다는 생각에는 조금 못 미치지 않나 생각합니다.

어린이책 작가인 저는 가끔 강의할 기회가 생기는데, 때때로 유치원생부터 어르신까지 함께하는 자리가 있습니다. 그럴 때면 먼저 어르신들께 물어봅니다.

"할머니, 예전에 호롱불 켜고 살았지요?"

"그럼, 호롱불 켜고 살았지!"

할머니는 옛날 생각이 떠오르는지 무척 반가워하면서 대답하지요. 다시 어린이들한테 물어봅니다.

"호롱불이 뭔지 아는 친구들?"

　　당연히 어린이들은 대부분 모릅니다. 직접 본 친구는 거의 없고 책에서 보았으면 다행이지요. 그런데 재미있는 것은 그 자리에 있는 할머니 할아버지가 거의 스마트폰을 갖고 있다는 사실입니다. 이걸 보면 우리가 살고 있는 세상이 어떻게 변해 가는지를 짐작할 수 있습니다. 젊을 적엔 호롱불을 켜고 살았지만, 지금은 스마트폰으로 영상 통화를 하는 세상에 살고 있는 것이지요.

여기에서 여러분께 질문 하나 던져 봅니다. 지금의 어린이들이 주인공으로 살아갈 20~30년 뒤의 세상은 어떻게 변해 있을까요?

호롱불에서 스마트폰까지의 변화는 아주 오래 걸렸지만, 요즘은 변화에도 가속도가 붙어 불과 1~2년 뒤의 일도 짐작하기 어려운 세상이 되었지요? 이런 변화의 속도 속에서 우리 어린이의 미래는 어떻게 준비하는 게 좋을까요?

세세한 숲 이야기를 하기 전에 기본적이고도 근본적인 세상 사는 이야기를 몇 가지만 살펴보려 합니다.

목숨 이야기

숲교육은 환경 교육이고 생명 교육이라고 생각합니다. 궁극적으로는 행복한 삶을 목표로 하는 교육입니다. 숲교육이 더불어 살아가자는 근본적인 가치를 전하는 교육이라는 말에 동의하지 않을 사람은 없겠지만 먼 훗날 이야기라고 생각하는 경향이 있는 것 같습니다.

안타깝게도 우리나라의 자살률은 경제협력개발기구(이하 OECD) 33개국에서 1위라는 불명예를 안고 있지요(2018년 기준). 청소년의 경우는 하루에 1명꼴로 스스로 목숨을 끊는다고 합니다. 노인 자살률도 1위이고요. 스스로 목숨을 버리는 비율이 이렇게 높다니 안타까운 일입니다. 왜 이렇게 목숨을 가볍게 여기는 세상이 되었을까요.

혹시 오직 미래의 행복만을 위해서 살라고 강요를 받고 있기 때문은 아닐까요? 어릴 때는 자신의 미래를 위해서, 장년이 되어서는 자손의 미래를 위해서 살기를 강요받는 사회이지요. 그럼 우리는 언제쯤 '지금'을 위해 살 수 있을까요?

행복 이야기

우리나라 어린이, 청소년 행복 지수도 OECD 30개국 중 오랫동안 꼴찌입니다(2019년 기준). 요즘 어린이들의 물질적인 조건만 보면 행복하지 않은 게 이상할 정도로 풍요롭습니다. 그런데 행복하지 않다고 행복 지수가 말해 주고 있습니다. 왜 그럴까요? 어쩌면 상대적 행복감 즉 상대방과 비교했을 때 늘 우위를 차지하려고 경쟁하는 데서 오는 결과는 아닐까요?

상대적 행복은 우리를 늘 쫓기는 기분에 놓이게 만듭니다. 채워도 채워도 모자라는 듯한 느낌이 들지요. 이제는 그 쳇바퀴에서 벗어나 나만이 느낄 수 있는 절대적인 행복을 찾아야 할 때입니다. 저는 그 해답을 숲에서 찾을 수 있다고 생각합니다.

돈 이야기

초등학생만 되어도 행복에 필요한 조건이 무엇인지 물어보면 돈이라고 대답합니다. 모든 행복을 돈으로 환산해 내는 세상이니 어떠한 가치도 돈으로 판단할 수밖에 없겠지요. 커서 갖고 싶은 직업도 내가 하고 싶은 일이거나 좋아하는 일이기보다는 안정적인 삶을 보장받을 수 있거나, 월급을 많이 받는지가 그 기준이 되기도 합니다. 과연 돈이 우리 아이들의 행복을 담보해 줄까요?

　이런 결과에 대해 어른들은 모두 자기 일은 아니라고 생각할지 모릅니다. 하지만 분명히 우리의 일이지요.

　현실을 살펴보면 어이없는 통계치가 한두 개가 아니지요. 그중에서 국제미용성형학회 보고에 따르면 성형 수술도 우리나라가 세계 1위랍니다. 어른이 되기 전인 고등학생이 성형 수술을 하는 경우도 많습니다. 그저 순수히게 외모 지상주의라고 보기에는 너무 일상화되어 버렸지요. 이렇듯 외모보다 내면의 가치나 아름다움을 볼 수 없게 된 눈이 우리의 자살률을 높이고, 행복 지수를 떨어뜨리고, 돈을 최고의 가치 척도로 만들어 버린 것은 아닐까요?

어린이가 살아갈 미래는 어떤 세상일까요?

　우리의 건강한 정신을 위협하는 것은 이처럼 우리 안에 뿌리 깊게 자리잡은 배금주의가 아닐까 생각합니다. 배금주의의 원인을 하나만 꼽으라면 저는 주저 없이 태어날 때부터 시작되는 그릇된 경쟁이라고 생각합니다.

　경쟁은 다른 사람을 돌아볼 여유를 주지 않습니다. 일등만을 위한 사회는 친구를 적으로, 이웃을 시기의 대상으로 생각하게 만듭니다. 그 과정에서 협동이나 배려, 관용이나 연민을 이야기할 수 있을까요? 패자의 변명처럼 들리지는 않을까요?

그런데 말입니다. 지금 무한 경쟁 속에서 배우고 있는 공부를 한번 생각해 볼까요? 우리 아이들이 사회로 나갈 때쯤이면 유망한 직업이 무엇이고, 어떤 지식이 쓰이고 있을까요? 어떤 직종이 남아 있을까요?

미래가 어떻게 변할지 생각해 보았나요? 그에 대해 제대로 예측도 못 하면서 우리 어린이는 아직도 표준화된 선생님한테 표준화된 교과서로 배우면서 표준화된 어른으로 커 나가고 있습니다. 당장 실천 가능한 대안을 찾기는 어려워도 미래를 제대로 준비하기 위한 진정한 고민을 해 봐야 하지 않을까요?

2016년 초, 이세돌 9단과 알파고의 바둑 대국은 전 세계 사람들에게 큰 충격을 안겨 주었습니다. 단숨에 전 세계 사람들이 현재를 되돌아보는 계기가 되었지요. 도대체 우리가 살아가야 할 미래의 모습은 어떨지, 어른이야 많이 살았지만 아직 살아야 할 날이 더 많은 어린이는 어찌 살아가야 할지, 상상도 못 할 세상과 마주 서야 한다는 사실을 어렴풋하게나마 깨닫게 되었지요.

그런데도 지금 학교는 크게 변하지 않았습니다. 여전히 영어, 수학, 과학, 사회 등 정보와 데이터를 습득하는 공부에 치중하지요. 정보와 데이터는 이제 알파고 차지가 되었는데도 말이지요. 설마 우리 아이들을 알파고와 대결시킬 어른으로 키우겠다는 생각은 아니겠지요?

그럼 어린이는 지금 어떻게 준비하고 대처해야 할까요?

숲은 교육의 혁명입니다

독일은 선행 학습이 없는 나라입니다. 선행 학습은 친구들이 질문할 수 있는 기회를 빼앗고 선생님한테는 학습권을 침해하는 일이라고 생각하기 때문입니다. 만일 초등학교에 입학할 때 어린이가 글을 쓸 줄 알면 학부모가 추궁을 당한다고 합니다. 또 해마다 실시하는 국제학업성취도(PISA)에서 늘 우위를 차지하는 핀란드에서는 초등학교 1학년은 공부를 시키지 않고 서로 어울리며 공부할 수 있도록 준비하는 시간을 갖는답니다.

역사학자이며 미래학자인 히브리대 교수 유발 하라리 Yuval Noah Harari는 컴퓨터가 세상을 지배할 미래에는 학교가 사라질 것이고 지금 학교에서 하는 교육의 80~90%는 쓸모없는 지식이 될 거라고 이야기합니다. 《제3의 물결》을 썼던 미래학자 앨빈 토플러 Alvin Toffler도 우리나라 청소년들이 공부하는 모습과 내용을 보고 똑같은 말을 했고요.

즉 미래를 준비하려면 데이터를 외우는 교육이 아니라 4차 산업 사회답게 데이터를 생산하는 창의적인 교육이 되어야 한다는 뜻입니다. 머지않은 미래에 데이터를 활용하는 직업인 의사·교사·법률가 등의 역할은 인공 지능이 대신할 게 틀림없으니까요.

저는 이런 까닭에 시급히 대안 교육을 찾아내야만 한다고 생각합니다. 그 대안 중 하나로 이미 유럽에서 자리를 잡은 숲학교나 숲유치원을 이야기하고자 합니다.

특히 독일에서 1968년 최초로 숲유치원이 설립된 이후 현재는 2천여 곳으로 늘어난 것만 보아도 숲교육을 얼마나 중시하는지 알 수 있습니다. 여기에서 독일 숲교육의 효과를 보여 주는 텔레비전 방영 내용을 하나 소개합니다.

　독일 숲유치원 어린이들과 우리나라 유치원 어린이들에게 같은 수준의 문제를 제시했습니다. 자기 이름 쓰기와 계산 문제가 주어지자 독일 어린이들은 거의 0점, 우리나라 어린이들은 거의 100점대였습니다. 당연한 결과겠지요. 독일의 숲유치원 어린이들은 숲에서 놀 뿐, 글자 공부나 연산 공부를 하지는 않았으니까요. 이번에는 그림을 여러 장 보여 주고 어떠한 이야기가 들어 있는지 추론해 보는 테스트를 했습니다. 결과는 어땠을까요?

　독일 어린이들은 75점대였고, 우리나라 어린이들은 30점대였습니

다. 이 결과는 많은 것을 생각하게 합니다. 우리나라 어린이들은 글자를 읽고 쓰는 것은 빨랐지만 어떤 의미인지도 모르고 읽어 냈다는 뜻입니다. 스스로 느끼게 하기보다는 빨리 성과를 내고 싶어 한 주입식 교육의 증거이겠지요.

결과가 말해 주듯 이제 우리 교육에 대해 깊이 생각해 볼 시점입니다. 창의력과 동떨어져 있는 영어·수학·과학 등 세분화된 지식 공부 말고, 창조적이고 행복한 4차 산업 사회를 이끌어 갈 공부로 바꾸자는 이야기입니다. 나라가 나서는 데 시간이 너무 많이 걸리면 개인이 또는 공동체에서 할 수 있는 방법을 찾는 것도 필요하다고 생각합니다. 바로 숲에서 말이지요.

숲에서 무엇을 배울 수 있나요?

저는 최소한 유아와 초등학교 저학년 어린이만이라도 공부에 찌들지 말고 놀아야 한다고 생각합니다. 그러나 숲에서 놀기만 한 어린이가 혹시나 뒤떨어지지는 않을까 걱정되는 것이 현실이지요. 과연 숲에서는 무엇을 배울까요?

숲학교에서는 글자 익히기, 받아쓰기, 셈하기 등 세분화되고 구체적인 것을 배우는 게 아니라 덩어리 교육에 주안점을 두고 있습니다. 즉 숲학교에서는 인성, 창의력, 배려, 생명 존중, 생태, 환경, 평화, 공존 등을 배웁니다. 평생 동안 살아 내는 데 바탕이 될 교육을 하는 것이지요.

숲교육은 현 교육 제도로는 학습 성과를 측정하기가 쉽지 않습니다. 숲교육은 여기에서 한걸음 더 나아가 '교사 없는 교육과 프로그램 없는 교육'을 내세웁니다. 아마 교실에서 주입식 교육과 표준화된 교육을 받았던 기성세대의 상식으로는 도저히 이해가 안 될 수도 있습니다. 하지만 저는 단 한 번만이라도 어린이와 함께 숲놀이를 하면 알 수 있을 것이라고 자신있게 말합니다. 무엇보다 숲에서 행복해하는 어린이의 모습을 보면 그 무엇과도 바꿀 수 없는 가치를 몸으로 익혀 간다는 것을 깨달을 것입니다. 숲교육이 '교사 없는 교육과 프로그램 없는 교육'을 내세우고 있지만 어린이들을 방치하자는 말은 아닙니다. 교사가 숲놀이를 이끌거나 개입하기보다는 주도권을 어린이한테 주고 바라보자는 뜻입니다. 물론 왜 어린이들을 숲으로 데려왔는지 철학적인 신념은 뚜렷해야겠지요. 프로그램도 마찬가지입니다. 들어가는 말에서 이야기한 것처럼 숲은 365일짜리 책입니다. 숲이 쉼 없이 어린이한테 질문을 해 대는데, 프로그램으로 어린이를 간섭할 필요가 있을까요? 그렇게 되면 숲이 교실과 다를 게 없겠지요.

그럼 도대체 숲에서 배우고 익히는 게 무엇인지 하나씩 알아보겠습니다.

건강한 몸과 마음을 만든다

숲에서 지내는 어린이는 실내에서 생활하는 어린이보다 상대적으로 많은 활동을 합니다. 산비탈의 울퉁불퉁한 땅을 뛰어다니면서 소근육과 대근육을 조화롭게 단련시킵니다. 평행 감각 역시 높아지지요. 어른들이 우려하는 사고율도 실내에서 생활하는 어린이보다 훨씬 낮습니다.

주위 환경을 안전하게 할 것인지, 자신의 몸을 안전하게 단련시킬 것인지 선택의 문제인 것이지요. 나무에서 나오는 피톤치드나 음이온이 아토피 피부염과 알레르기, 전염병 등에 대한 면역력을 훨씬 강화시킨다는 것도 이제는 널리 알려졌습니다.

특히 요즘은 황사와 미세먼지 때문에 골머리를 앓고 있지요. 하지만 국립산림과학원의 연구 결과를 보면 도시 숲의 경우 미세먼지 농도를 평균 25.6%, 초미세먼지는 40.9%를 줄인다고 하니, 숲의 장점은 더 말할 것도 없겠지요(2018년 4월 홍릉숲에서 2km 떨어진 도심에서 측정).

더불어 숲에서 뛰어노는 아이들은 몸을 많이 움직이는 만큼 신체적으로 건강해지고, 심리적 안정감까지 얻습니다. 실내에 있을 때보다 많이 활동하므로 밥도 잘 먹고 잘 자서 스트레스도 적게 쌓입니다.

감성적인 어린이를 만든다

자연에게 고마움을 느낄 수 있는 삶은 얼마나 아름다울까요? 계절의 오묘한 변화를 몸으로 느끼고, 365일 달라지는 자연을 섬세하게 바라볼 수 있는 눈은 얼마나 신비로울까요? 이른 봄 냉이를 캐면서 그 향기에 흐뭇해하고, 온 들판에 깔리는 흔하디흔한 봄까치꽃에 마음을 줄 수 있다면 말이지요.

어느 순간에 자신보다 커 버린 풀이나 나무 그리고 해마다 다시 솟아나는 이파리 한 장에서 문득 경외감을 느낄 수 있다면 얼마나 순한 마음이 생겨날까요. 이 세상이 그 자체로 아름답게 느껴지지 않을까요? 이처럼 숲교육은 지식 교육이 아니라 감성 교육입니다. 자연에 대해 결핍을 가진 어린이의 심장을 뛰게 하는 교육인 것입니다.

오감을 활짝 연다

사람들의 감각 기능은 점점 떨어지고 있습니다. 평소에는 감각 기관에 대해 그다지 관심을 주지도 않습니다. 우리의 감각은 스마트폰 화면에 갇혀 있습니다. 즉 시각에만 치우치면서 감각이 골고루 발달하지 못하고 한쪽으로 비대해져 갑니다. 감성, 인성, 집중력, 상상력, 창의력을 키우기 위해 가장 밑바탕이 되는 감각이 점점 막혀 가고 있습니다. 저는

세상을 살아가는 데 있어 가장 바탕이 되는 것이 감각이라고 생각합니다. 그러므로 오감을 깨우는 것이야말로 세상과 소통하는 문을 활짝 여는 일입니다. 앞으로는 숲에서 미각, 촉각, 후각, 청각, 시각을 넘어서 평행 감각을 포함한 육감까지 찾아봐야겠습니다.

주의력·집중력·관찰력이 창의력이다

숲속에서는 작은 변화가 무수히 많이 일어납니다. 딱따구리가 바쁘게 나무를 쪼고, 애벌레가 이파리를 사각사각 갉으며, 꽃들은 아침과 오후가 다르게 피었다가 이지러집니다. 어린이는 자신의 관심사를 현미경처럼 자세하게 관찰할 수 있습니다.

어린이는 사물을 낯설게 바라보는 능력이 있지요. 어린이는 사물에 질문할 줄 아는 존재이고, 사물에 귀 기울일 줄 아는 존재이며, 사물을 늘 새롭게 바라보고 인식하는 존재입니다. 그러니 어른들은 어린이한테 시간을 통째로 준 뒤에 다그치지만 않으면 됩니다. 어린이는 하나를 천천히 즐길 수 있는 여유가 주어졌을 때에야 주의력이 집중력으로, 집중력이 관찰력으로, 관찰력이 인내심과 창의력으로 발현됩니다. 이렇게 시간을 통째로 주는 것이 덩어리 교육의 시작입니다.

자의식·자존감·성취감을 높인다

우리 어린이와 청소년은 어른이 세워 놓은 계획표에 따라 주입식 교육을 받으며 자랍니다. 이렇듯 수동적인 학습에 길들여진 어린이는 스스로 의사 결정하는 것을 어려워합니다. 그래서 늘 어른에게 묻지요.

"먹어도 돼요?"

"놀아도 돼요?"

"화장실 다녀와도 돼요?"

하지만 숲학교에서는 모두 자기 주도적인 활동을 합니다. 숲학교의 큰 전제는 '교사 없는 교육과 프로그램 없는 교육'인 까닭에 놀이 또한 스스로 결정하고 주도적으로 활동해야 합니다. 이처럼 어릴 때부터 스스로 의사 결정을 하는 것이 몸에 배기 때문에 숲학교를 다니는 어린이의 자존감은 높을 수밖에 없습니다.

인성 교육을 한다

2015년 7월부터 인성교육진흥법을 시행하면서 유·초·중고등학교에서의 인성 교육을 의무화하였습니다. 그런데 현실은 인성 교육과는 거리가 먼 듯합니다. OECD가 주관하는 국제 학업 성취도는 최상위권이나 타인을 배려하는 사회적 상호 작용 능력은 OECD 36개국 중 35위인 것을 보면 말이지요. 친구도 이겨야 할 대상으로 여기는 것 같아 씁쓸합니다.

인성 교육이 교실에서만 이루어진다면 제한적일 수밖에 없습니다. 함께 부대끼고 생활하면서 배우는 것이 인성 교육이지만 자연에서 배울 수 있는 것도 큽니다. 인성교육진흥법에서도 인성을 자연과 더불어 살아가는 인간다운 성품이라 말하고 있으니까요.

숲에서 친구들과 함께 생활하는 것으로도 충분한 인성 교육이 이루어집니다. 숲에서 어우러져 놀면서 함께 생각을 모으는 과정은 산술적으로 계산할 수 없는 시너지 효과를 냅니다.

사회성과 자신감이 올라간다

요즘엔 주의력결핍 과다행동장애(이하 ADHD) 등 산만한 어린이가 많아졌어요. 그에 반해 소극적인 어린이도 늘어났어요. 학교나 가정에서는 그저 얌전한 아이로 받아들여지기도 하지만요.

어린이가 뛰지 않고 얌전하기만 한 것이 칭찬받을 일일까요? 옷 더럽혀질까, 신발 젖을까 두려워서 가만히 그 자리에 앉아 책만 읽으면 착한 어린이인가요?

단체 안에는 사회성이나 자신감이 눈에 띄게 떨어지는 어린이가 꼭 끼어 있기 마련입니다. 어떤 어린이라 하더라도 숲놀이를 하면서 대부분 변합니다. 모두 뛰고 달리고 올라서고, 지저분한 곳을 마다하지 않고 놀면서 활동적이고 자신감 넘치는 어린이로 제 모습을 찾아갑니다. 그동안의 경험으로 볼 때, 숲놀이 한 달이면 아이들은 변하기 시작합니다.

생명을 존중하는 마음이 커진다

사람의 본성일까요? 벌레나 지렁이의 꿈틀거림을 보면 징그럽고 두려운 마음이 들지요. 그런 이유를 들어 죽여 없애기도 합니다. 그런데 숲에서 생활하다 보면 살아 있는 생명에 대한 관심이 점점 커집니다. 처음에는 관찰의 대상이다가 공존하는 대상으로 바라봅니다. 자연스럽게 생명을 존중하는 마음이 생겨나지요. 어쩌다 생명을 해쳤을 때는 다른 친구로부터 힐난을 받기도 하고요. 이렇게 숲활동을 하면서 생명을 존중하는 마음이 자연스럽게 몸속에 깃들면 세상 사람들이 서로 미워할 일도, 전쟁이 일어날 일도 훨씬 줄어들지 않을까요?

공감 능력과 문제 해결 능력이 자란다

'미래 시대는 공감 능력 즉 사람의 관계가 중요한 시대다.'라고 말하지요. 하버드 대학교에서는 5년 동안 700여 명을 추적하여 인간관계가 좋은 사람이 이후에도 건강하고 행복하게 잘 살고 있다는 연구 결과를 발표했습니다. 한마디로 공감하는 능력만큼 행복해진다는 뜻입니다.

숲에서는 혼자 놀기도 하지만 여러 명이 놀 때 훨씬 재미가 큽니다. 하지만 함께 놀 때는 늘 의견이 부딪히기 마련이지요. 서로 이해가 덜 되거나 양보하지 않으면 그대로 놀이가 끝나기도 합니다. 그러니까 놀이를 오래도록 유지하기 위해서는 상대방의 생각을 헤아려야만 합니다. 이럴 경우 가정이나 학교에서는 대부분 어른이 나서서 도와주지만 숲에서는 어린이 스스로 풀어 나가야 하지요. 처음부터 스스로 결정한 놀이

니까요.

더 나아가 숲놀이를 하다 보면 자연과 공감하는 능력이 키워집니다. 어린이는 꽃과 나무와 곤충과 짐승 들의 마음을 읽어 내려 노력하지요. 어린이는 늘 질문하고, 그 질문에 대답을 하면서 결국 새로움을 찾아냅니다. 다시 말해 어린이는 숲과도 이야기를 주고받을 수 있는 능력을 배웁니다.

다층적이고 통합적인 사고를 키운다

앞에서 말한 숲놀이의 효과를 나누어 열거했지만 효과가 이것뿐일까요? 지금까지 말한 효과는 각각의 요소별로 길러지는 힘이 아니라 총체적으로 일어나는 힘이기도 합니다. 숲에서의 놀이는 제도권 교육처럼 몇 개의 목표나 목적을 정해 두고 학습하거나 놀지 않으니까요. 애당초 학습이란 게 과목별로 분류할 수 없는 덩어리였는데 어른들이 세분화시켰을 뿐이지요. 앞에서 언급한 통째로 주어지는 시간과 덩어리 교육이야말로 바로 숲에서 가능한 교육입니다.

회복 탄력성을 높인다

요즘 많은 어린이가 어려운 일이 닥치면 지레 겁을 먹고 어른에게 기대려 하거나 아예 포기하기도 합니다. 이러한 문제는 성장하는 과정에서 스스로 의사결정을 하거나 주도적으로 이끌어 나가 본 경험이 부족했거나 도전하는 기회가 주어지지 않아서 생깁니다. 무엇보다도 어린이의 실패를 인정하지 않고 왜 그랬는지 추궁하거나 능률만 앞세운 교육 습관이 그렇게 만들었을 것입니다.

어린이는 위험해 보고 싶고, 실패해 보고 싶어 합니다. 놀이의 가장 중요한 요소가 실패이고, 실패는 위험할 때 자주 경험하게 됩니다. 위험은 예측 불가능하지요. 예측 불가능은 집중력을 요구하고, 집중력은 창의력으로 이어집니다. 위험의 또 다른 말은 도전이고 용기이며 모험입니다. 바로 창의력의 요건인 셈이지요. 이렇듯 숲놀이를 통해 만나는 위험과 실패는 결과를 떠난 과정의 즐거움이며 동시에 어린이의 회복 탄

력성을 키워 줄 것입니다. 앞으로 예측 불가능한 4차 산업 사회를 살아갈 어린이에게 최고로 필요한 덕목입니다.

행복한 어린이가 된다

마지막으로 어린이의 행복을 이야기해 보겠습니다. 행복보다 더 큰 가치는 없겠지요. 숲 이야기를 시작하면서 첫머리에 목숨 이야기와 행복 이야기를 했습니다. 우리의 삶의 궁극적인 목표는 행복한 삶입니다. 어린이에게 행복한 삶은 한없는 사랑을 받으며 날마다 재밌게 생활하는 것이지요. 그 재미있는 삶이 보장되어야만 어른이 되었을 때 긍정적인 힘으로 발휘될 것이고요.

바로 그 재미를 숲에서 찾아냈습니다. 이제 어른이 적극적으로 나서서 어린이의 본성을 찾아 주어야 할 때입니다. 뛰고, 달리고, 올라가고, 숨어들고, 더럽고, 시끄럽게 노는 존재란 걸 가르쳐 줘야 할 때입니다. 아니, 어린이의 몸에는 수만 년 동안 쌓여 온 숲의 인자가 자리 잡고 있기에 어린이를 밖으로 내보내기만 하면 스스로 숲으로 들어갈 겁니다. 숲에서 자유롭게 자란 어린이로 키울 것인지 실내에서 표준화된 교육을 받는 어린이로 키울 것인지 어른이 결정할 때입니다.

저는 어린이가 숲에서 뛰어놀 때보다 더 행복한 표정을 짓는 모습을 아직 보지 못했습니다. 노는 모습을 바라보는 어른까지 덩달아 행복해져, 모두 행복해질 수밖에 없는 곳이, 바로 숲입니다.

올바른 교육이 테라피입니다

저는 우리 교육에서 오는 문제의 답을 숲에서 찾으려고 합니다. 즉 숲이 테라피이고 숲에서 이루어지는 올바른 교육이 테라피라고 생각합니다. 바른 교육에서 벗어난 경쟁 교육과 주입식 교육이 어린이를 힘들게 하고 마음을 병들게 만들었습니다. 어린이 한 사람 한 사람을 존중하고, 다양하고 창의적인 교육을 지향한다면 어린이의 몸과 마음은 곧 튼튼해질 것입니다. 심리적 안정감, 자존감, 회복 탄력성, 오감, 문제 해결 능력, 자신감, 공감 능력, 집중력, 생명 존중 등 하나하나가 모두 숲에서 찾아낸 교육이자 위로이고, 위안이자 행복입니다. 앞에서 이야기한 숲에서 느끼고 배운 것이 모두 테라피의 다른 표현입니다.

결론적으로 숲테라피란 어른이 어린이의 본성을 간섭하거나 억압하지 않고 숲에서 뛰고, 달리고, 올라가는 걸 그대로 받아들이면 됩니다. 위험하고, 더럽고, 시끄럽게 놀 수 있게 하면 모든 것이 자연스럽게 해결될 것입니다.

그림책으로
마음을 읽다

글과 그림이 어우러진 그림책

그림책은 글과 그림이 한 식구처럼 잘 어우러진 작품입니다. 글과 그림이 조화를 이루어 그림이 비운 공간을 글이 보충하고 글이 비워 둔 공간을 그림이 채워 가는 관계입니다. 흔히 글 분량이 적은 것은 그림책이고 많은 것은 이야기책이라고 생각하기 쉽지만, 그건 올바른 구분이 아닙니다. 글이 길더라도 그림이 주인 역할을 하며 이야기를 이끌어 간다면 그것은 그림책이지요. 그림책은 '그림으로 쓴 글'이기 때문입니다. 이런 면에서 그림책은 글자를 읽지 못하는 어린아이들도 즐길 수 있습니다. 그래서 대체로 어린이의 전유물이라고 생각되는지도 모르겠습니다.

그림책은 읽어 주는 책이라고도 말합니다. 누군가가 읽어 주는 소리에 귀 기울이며 눈으로 그림을 따라가는 것이 그림책을 가장 그림책답게 즐기는 방법입니다. 글과 그림을 순차적으로 읽다 보면 호흡이 길어져 긴장감이 떨어지기도 하니까요. 그래서 그림책은 누군가가 읽어 주었을 때 훨씬 더 제 가치를 발휘합니다.

그림책의 매력은 무엇일까요?

어린이의 마음을 비춰 주는 거울

그림책의 가장 큰 매력은 어린이의 마음을 들여다볼 수 있는 것입니다. 어른은 모두 어린이를 거쳐서 어른이 되었지만 살아가면서 점점 어린이의 마음을 잃어버립니다. 그렇게 어린이의 마음을 잃어버린 어른이 어린이를 키웁니다. 그래서 우리 어린이들이 힘든 것은 아닐까요? 어린이를 있는 그대로 이해하기 전에 올바르게 가르쳐야겠다는 마음과 잘 키워야겠다는 마음이 더 앞서기 때문은 아닐까요?

어른의 마음속에도 충분히 자라지 못한 어린이가 남아 있습니다. 그림책을 읽는 어른들은 잊고 지냈던 어린 자신과 만나면서 내 아이의 마음을 이해할 기회를 갖기도 합니다. 이럴 때 그림책은 어른과 어린이 사이에 놓인 벽을 무너뜨려 어른은 어린이의 마음을 찾고, 어린이는 공감과 위로를 얻습니다.

마법의 통로

어린이는 현실 세계와 가상 세계를 자유롭게 넘나들며 살아갑니다. 어린이에게 현실은 답답하기도 하고, 불공평하기도 합니다. 그들의 힘만으로 현실을 이겨 내기에는 약하고 작은 존재이지요. 그래서 어린이는 늘 상상하고 모험을 즐깁니다.

그림책은 어린이에게 마음껏 상상하고, 도약하고, 자기만의 비밀 기지를 꿈꾸게 하는 든든한 친구가 되어 줍니다. 어른에게 부당한 대우를 받거나 억울한 일을 당하면 그림책을 통해 해소하기도 합니다. 어린이에게 상상은 현실을 넘어서는 힘이니까요.

온기를 나누는 창

요즘은 스마트폰이 많은 것을 해결해 줍니다. 우리나라 영유아도 스마트폰을 접하는 시간이 하루 평균 3시간 정도라고 합니다. 시간이 긴 것도 놀랍지만 이 시간 동안 부모와 아이 사이에 대화가 단절된다는 것을 생각하면 안타깝습니다. 스마트폰으로 정보나 지식을 얻을지는 모르지만 감성을 얻거나 사랑을 느낄 수는 없습니다. 나를 사랑하는 사람의 목소리로 듣는 이야기와 서로 몸을 맞대면서 느끼는 체온의 따뜻함은 정보나 지식 그 이상의 것을 줍니다. 이렇게 그림책은 서로의 온기를 나누는 창입니다. 그 순간만큼은 오로지 서로에게 집중하는 특별한 시간이니까요. 책의 내용은 시간 속에 묻혀도 책을 읽으면서 느꼈던 서로의 체온은 오랫동안 아이의 기억 속에 남겠지요. 이 따뜻한 기억은 세상을 살아가는 큰 힘이 됩니다.

삶의 든든한 응원자

그림책 속에는 다양한 사람들의 삶이 그려져 있고 다양한 가치관과 다양한 주인공이 등장하여 정말 다양한 이야기를 합니다. 현실에서는 절대 주인공이 될 수 없는 작고 힘없는 존재들이 그림책 속에서는 당당히 자기 자리를 빛내며 존재감을 드러냅니다. 그런 그림책을 통해 얻은 응원과 용기는 현재의 나와 나의 위치를 긍정적으로 바라보게 합니다. 지금 이대로도 충분히 멋지고 괜찮다는 자기 긍정성은 삶을 여유롭게 해 줍니다.

마음을 숨겨 놓은 비밀 상자

여러 번 읽어서 모퉁이가 너덜너덜해졌는데도 또 읽어 달라고 가져오는 책이 집집마다 몇 권씩은 있을 겁니다. 그 책에는 틀림없이 어린이가 꿈꾸는 세상과 어린이의 마음을 흔드는 요소가 담겨 있습니다. 어린이는 자기를 끌어당기는 그림책을 직관적으로 잘 찾아냅니다. 그리고 그 책에 한없이 애정을 쏟아붓습니다. 어른들 눈에는 별것 없어 보이지만 아이들은 그 속에서 카타르시스를 느끼고, 엄마 품처럼 안정감을 느끼고, 큰 꿈을 품기도 합니다. 그림책 한 권이 때로는 훌륭한 스승이나 진지한 상담자가 됩니다. 이처럼 그림책은 어린이들의 눈에만 보이는 비밀 상자가 숨어 있습니다.

모든 세대를 품는 넓은 품

무엇보다 그림책의 가장 큰 매력은 위로와 공감입니다. 같은 그림책을 어린이가 읽을 때와 어른이 읽을 때 느끼는 맛은 다릅니다. 사람마다 겪은 경험치가 다르기 때문입니다. 그래서 같은 그림책이지만 누가 읽느냐, 언제 읽느냐에 따라 전혀 달라집니다. 그리고 읽을 때마다 다른 느낌으로 다가오기도 합니다. 읽는 사람의 기분에 따라 그림책도 움직입니다. 그림책이 0세에서 100세까지, 요람에서 무덤까지 함께할 수 있는 건 읽을 때마다, 읽는 사람마다 다른 이야기와 다른 감동으로 다가오기 때문입니다.

책꽂이 안의 작은 미술관

그림책은 어린이가 태어나서 처음으로 만나는 미술관입니다. 그림책 한 권을 만들기 위해 그림책 작가들은 짧게는 1년 길게는 3~4년의 시간을 쏟아 냅니다. 최고의 작품을 만들기 위해 작가 이외에도 편집자와 디자이너는 물론 인쇄와 제본까지 많은 사람들의 품이 한 권의 책 속에 들어갑니다. 이렇게 좋은 작품을 많이 보고 자란 어린이일수록 좋은 작품을 즐길 줄 알 테고 그만큼 감수성이 풍부한 삶을 살겠지요. 당연히 삶의 질은 높아지고 사는 모습은 더욱 풍요로워질 것입니다.

그림책테라피란 무엇일까요?

테라피란?

감정에는 기쁨과 설렘, 평화로움처럼 긍정적인 측면도 있지만, 슬픔과 불안, 두려움 같은 불편하고 어두운 면도 있습니다. 특히 부정적인 감정을 내 마음의 일부로 받아들이고 겉으로 드러내는 것은 쉽지 않습니다. 그렇다고 부정적인 감정을 모두 멀리해야 하는 것은 아닙니다. 때로는 살아가는 힘이 되기도 하고, 헤쳐 나가야 할 큰 목표가 되기도 하니까요. 물론 그 아픔을 직시하고 긍정적으로 바라보았을 때에 그렇습니다.

사람들이 이처럼 속마음과 아픈 감정을 밖으로 드러내기 시작한 지는 그리 오래되지 않았습니다. 십여 년 전만 해도 대부분의 사람들은 '심리 치료'라는 말을 편하게 받아들이지는 않았습니다. 밖으로 드러내서 해결하는 것보다는 숨기고 참는 게 미덕이라고 여겼으니까요.

하지만 세상은 변했습니다. 타인에게 맞추어져 있던 시선을 나에게로 집중하기 시작했고, 타인보다 내가 어떻게 느끼는지를 더 소중하게 생각하게 되었습니다. '누구의 나'가 아닌 '온전한 나'로 살고 싶어 하는 사람들이 늘어났습니다. 마음의 상처가 있다면 밖으로 드러내고 치료를 받는 것이 자연스러운 분위기가 되었습니다.

이러한 직접적인 치료 개념보다 좀 더 폭넓은 의미로 쓰이는 말이 '테라피'입니다. 테라피의 사전적 의미는 '치료, 치료 효과, 긴장을 풀어 주는 치료'라는 뜻입니다. 약이나 수술 등에 의지하지 않고 심리적이거나 물리적 요법으로 치료하는 것을 말합니다. 향기를 이용하여 심신을 달래 주는 아로마테라피, 몸의 긴장을 풀어 주는 요가나 마사지테라피, 색깔을 이용하여 에너지의 흐름을 조절하는 컬러테라피, 숲길을 걷는 숲테라피 등 여러 테라피가 개발되고 있습니다. 결국 이러한 활동을 통해 마음에서 일어나는 고민과 부담을 가볍게 만드는 것이 테라피의 목적입니다.

요즘 들어 반려동물을 기르는 집이 눈에 띄게 늘었습니다. 동물을 만지면서 느끼는 포근함, 동물과 주고받는 애정 속에서 느끼는 위로 또한 테라피입니다. 특히 수많은 테라피 중에서 최근 어린이의 전유물로만 여겼던 그림책을 통해 위로와 공감을 주고받는 그림책테라피가 관심을 받고 있습니다.

그림책테라피란?

그림책테라피라는 말은 일본에서 먼저 생겼습니다. 건축사로 일하다가 그림책을 만나면서 제2의 인생을 사는 오카다 다쓰노부岡田達信가 그림책과 심리학을 활용하여 어른을 위한 그림책테라피라는 프로그램을 만들었습니다. 그림책테라피는 짧은 시간에 많은 사람들의 관심을 끌면서 일본의 새로운 그림책 문화로 자리 잡았지요. 그림책의 또 하나의 가능성을 열었습니다.

또 한 명의 그림책테라피스트인 사사쿠라 쓰요시笹倉剛는 그림책테라피를 이렇게 정의하고 있습니다.

> 그림책테라피란 생활 속에 그림책이 있고 그림책과 친숙해지면서 정신적으로 병적인 상태에 있던 마음이 긍정적으로 변하는 것이다. 즉 그림책을 통해서 마음이 편안해지고 위로받는 것을 말한다.
> —《그림책테라피를 권하며(絵本セラピーのすすめ)》, 3쪽, 아이리출판(あいり出版)

그림책테라피란 이렇게 그림책을 매개로 이루어집니다. 그림책을 읽고, 보고, 소리 내어 읽는 과정에서 작가가 말하는 메시지를 읽어 내고, 그림책 속 이야기를 통해 내 마음의 변화를 알아채는 것을 말합니다. 그림책을 읽기 전과 비교했을 때 마음이 가벼워지고, 긍정적인 변화가 생기고, 함께한 사람들끼리 울림의 시간을 나누는 것이 그림책테라피의 목적입니다.

그림책테라피라는 말이 익숙해지면서 우리나라도 '어른과 함께하는 그림책테라피' 모임이 여기저기 생겨났습니다. 그림책과 테라피가 만난 것이지요. 이것 또한 그림책에 대한 어른들의 인식이 바뀌면서 생긴 결과물입니다. 어린이의 전유물이라고만 여겼던 그림책에는 어른도 공감할 수 있는 부분이 많기 때문입니다.

속엣말을 솔직하게 겉으로 드러내기 어려워하는 건 어린이나 어른이나 마찬가지입니다. 특히 어린이는 어른 앞에서 자유스럽고 솔직하게 마음을 표현하지 못하는 경우가 많습니다. 어른이 쳐 놓은 테두리 속에 있어야 어른들에게 인정받을 수 있기 때문입니다.

대부분의 학교가 상담실을 마련하고 있지만 학생들이 상담 교사에게 말문을 여는 것은 여전히 쉽지만은 않습니다. 그래서 요즘은 그림책을 읽어 주고 그림책 이야기를 나누면서 자연스럽게 자신의 이야기를 나누는 방법으로 상담을 진행하는 곳이 늘고 있습니다. 그림책은 마음을 여는 힘을 가지고 있으니까요.

공감과 위로, 그림책테라피의 선물

우리는 스스로에 대해 잘 알지 못합니다. 자기 소개를 하는 시간에 대부분의 사람은 자기가 하고 있는 역할에 대해 이야기하지요. 역할은 본인보다 타인에 방점을 두고 있습니다. 그래서 역할이 없어지거나 흔들리면 존재 자체가 흔들리기도 합니다.

사회적인 역할이 없어도 어디에서든 흔들림 없는 자신이 있어야 합니다. 내가 어떤 사람인지, 내가 어떤 것을 좋아하고 불편해하는지, 무엇을 느끼고 원하는지를 정확하게 아는 것, 그것이 바로 내가 내 삶의 주인이 된다는 뜻입니다.

그림책은 나를 알아챌 수 있게 합니다

그림책에서 만나는 등장인물과 에피소드를 통해서 내 감정의 변화를 읽을 수 있습니다. 다시 말하면 남의 이야기를 통해서 내 이야기를 읽는다는 뜻이기도 합니다. 그림책을 통해서 느닷없이 마음이 흔들리는 부분을 만나고, 그 계기로 나를 들여다봅니다. 읽는다는 것은 이해한다는 것이고, 이해한다는 것은 곧 알아챈다는 뜻이지요. 그림책과 나와의 거리만큼 스스로와 거리를 두면서 평소에 전혀 몰랐거나 두려워서 외면했던 나 자신과 마주하게 됩니다.

스스로와 직면한다는 것은 어렵지만 꼭 필요한 일입니다. 내가 나의 허물을 바라볼 수 있어야만 해결되는 일이니까요. 내가 어떤 사람인지 알아채는 일, 그것이 진정한 나이기 때문입니다.

그림책은 위로와 공감을 줍니다

내가 느끼는 감정이 일반적으로 느끼는 감정에서 벗어날수록 사람들은 불안해합니다. 나 혼자만 그런 것 같아 숨기고 싶고 때로는 스스로에게 상처를 냅니다. 이러한 상황에서 그림책 속에서 나와 닮은꼴을 발견할 때의 기쁨은 무엇보다도 큰 위안입니다. 내가 느꼈던 감정을 타인도 느끼고 있다는 사실이 주는 위안은 내 감정을 당당하게 받아들이는 계기가 됩니다. '나만 그런 줄 알았는데 다른 사람들도 이렇게 느끼는구나!' 하면서요.

이런 공감은 큰 위안이 됩니다. 나의 감정을 인정받고, 스스로 인정하면서 타인의 감정을 공감하는 힘도 커집니다. 내가 이 세상에 존재해도 된다는 믿음만큼 큰 위로는 없을 테니까요.

그림책은 다른 것을 품게 해 줍니다

그림책은 작가의 삶이기도 하고 또 다른 어떤 이의 삶이기도 합니다. 그림책을 읽는 것은 다양한 사람을 만나는 것입니다. 다양한 사람의 이야기를 만나면서 내 주위를 조금 더 돌아보게 됩니다. 내 자리를 확인하면서 세상 이야기를 만나는 것이기에 조금 더 폭넓은 눈으로 세상을 품는 것이지요. 그것이 누군가의 마음일 수도 있고 상황일 수도 있겠지요. 다양성을 껴안는다는 것은 서로 행복하게 사는 방법 중 하나입니다.

나를 알고, 타인을 알고 그래서 서로에게 공감하고 위안을 전하는 것이야말로 그림책테라피가 주는 선물입니다.

숲과 그림책이
만나다

몸을 여는 숲, 마음을 여는 그림책

스스로 느끼는 기쁨이다

마쓰이 다다시松居直는 어린이에게 그림책이 주는 의미에 대해서 이렇게 말하고 있습니다.

> 그림책이 어린이에게 주는 최상의 의미는 한마디로 기쁨이어야 한다. 한 권의 그림책이 어린이의 성장에 미치는 가치 있는 내용은 그 그림책으로 인해 어린이가 얼마만큼 기쁨을 느꼈느냐에 달려 있다. "아, 정말 재미있다."라고 어린이가 마음으로부터 부르짖을 때 그 한 권의 책은 그의 인간 형성에 무엇인가를 보태 주게 된다.
> ―《어린이 그림책의 세계》, 27쪽, 한림출판사

그림책은 기쁨과 재미와 감동이 함께 해야 하는 것인데 이 3요소는 결코 타인이 외부로부터 억지로 줄 수 있는 것이 아닙니다. 스스로가 느껴야 하는 것이지요.

그림책이 어린이의 마음에 자연스럽게 스며들도록 해야 합니다. 그래야 마음이 자랍니다. 목적을 가지고 가르치기 위해서 그림책을 읽기 시작하면 마음이 아니라 머리로 읽게 됩니다.

숲놀이 또한 마찬가지입니다. 숲놀이도 재미있어야 하는 것이지요. 재미가 없으면 놀이가 아닙니다. 그런 의미에서 숲놀이 역시 강요해서는 안 되는 것입니다. 스스로 재미있다고 느껴야만 진정한 놀이라 할 수 있으니까요.

숲놀이를 통해서 얻은 재미와 그림책을 통해서 얻은 기쁨은 다른 것을 하고 싶고, 새로운 느낌을 만나고 싶은 욕구를 만들지요. 즐거웠던 기억은 또 다른 즐거운 일을 만드는 마중물이 됩니다. 스스로가 어떤 일

을 했을 때 즐거운지를 아는 것, 다시 말하면 스스로가 어떤 것을 느끼는지 알아채는 것이 테라피입니다.

몸을 열고 마음을 열다

그림책을 읽다 보면 상상 속에서 오감이 움직입니다. 잘 구워진 빵 그림을 보면 콧속으로 고소한 냄새가 스칩니다. '담요처럼 보들보들한 아기 고양이의 털'이라는 글을 읽으면 손끝에 보들보들한 촉감이 느껴집니다. 잠든 감각이 살그머니 열리면서 마음이 움직이는 것을 느낄 수 있습니다.

그림책에서 느끼는 것과 마찬가지로 숲에서도 신비로운 풍경을 만납니다. 소리와 촉감과 냄새와 맛을 만날 수 있습니다. 오감이 기지개를 켭니다. 마술 지팡이가 온몸을 건드리듯 평소에는 쓰지 않던 감각이 하나둘 열리기 시작합니다. 특별하고 낯선 소리가 들려오고 갖가지 색깔들이 눈에 들어옵니다. 그림책과 숲은 이렇게 태어나면서부터 가지고 있던 본연의 오감을 열어 줍니다. 외부의 자극을 몸과 마음으로 느낄 수 있는 것, 이것이 테라피입니다.

세대를 이어 주는 공감대다

일본은 이미 1960년대부터 1970년대 사이에 그림책 붐이 일어나면서 다양한 그림책이 쏟아져 나왔습니다. 당시 아이들을 위해서 그림책을 읽은 세대는 이제 일흔을 훌쩍 넘긴 나이가 되었지요. 부모가 읽어 주는 그림책을 듣고 자란 아이들이 커서 아이를 낳고, 그 아이들이 또 아이를 낳았습니다. 그러니까 4대가 그림책을 읽은 셈이지요.

급변하는 사회 속에서 4대가 같은 문화를 공유한다는 것은 참으로 소중한 일입니다. 한 권의 그림책으로 어른과 어린이가 어울릴 수 있다는 것은 그림책이 세대 간의 공감대를 형성시키는 힘을 가지고 있다는 뜻이겠지요.

숲놀이도 마찬가지입니다. 사람들이 훼손하지 않는 한 숲은 늘 그 자리에 있습니다. 숲이나 강에서 장난감 없이 몸으로 뛰어놀았던 할머니 할아버지의 놀이는 지금도 여전히 어린이 몸속에 남아 있습니다. 어린이를 자연 속에 두면 스스로 나무 위로 올라가고, 땅을 파고, 주변을 관찰하며 놉니다. 그건 예나 지금이나 변함이 없지요. 소통이 부족한 요즘에 이보다 더 멋진 커뮤니티는 없을 것입니다. 상대방과 공통된 관심사가 있다는 것은 공감대가 형성되었다는 것입니다. 공감대를 회복하는 것, 이것이 테라피입니다.

호기심이 깊어진다

어린이는 그림책을 보면서 처음 만나는 세계에 호기심을 나타냅니다. 그 호기심은 관심으로 발전하고 다시 질문으로 이어집니다. 그림책을 보면서 생긴 호기심은 그림책 밖에 있는 세상으로 이어져 주위에 있는 사물들을 자세히 들여다보게 합니다. 민들레 씨앗이 어떻게 날아가는지, 별똥별이 어떻게 떨어지는지, 그림책 속에서 만난 세상이 정말로 존재하는지 눈으로 확인하고 싶어지지요. 이렇게 어린이들은 끝없는 질문 속에서 자기 영역을 넓혀 갑니다.

숲에서도 마찬가지입니다. 쭉쭉 뻗은 나무들이 어디까지 자랄지, 빈 가지였던 곳에 어떻게 나뭇잎이 돋아나고 꽃이 피는지, 개미들은 캄캄

한 굴속에서 어떻게 다니는지 모든 것이 궁금하지요. 호기심에 찬 어린이들은 눈에 보이는 대로 마구 질문을 던집니다. 이렇듯 숲과 그림책은 어린이에게 끊임없이 질문합니다. 질문은 어린이를 성장시킵니다. 질문은 내가 누구인지 알아가는 과정입니다.

함께 노는 놀이터다

앞에서도 말했듯이 어린이는 마음에 꽂힌 그림책이 있으면 방금 읽었는데도 또 읽어 달라고 조릅니다. 똑같은 이야기를 반복하는 것을 지겨워하는 어른에게는 참기 힘든 일이지요.

어른들이 책을 읽어 줄 때 어린이들은 전두엽이 아닌 대뇌변연계(쉽게 말해 동물 뇌)를 사용한다고 합니다.(《책을 읽어 주면 마음의 뇌에 닿는다(読み聞かせは心の脳に届く)》, 다이라 마사토(泰羅雅登), 구몬출판사)

대뇌변연계는 사고나 창조적인 영역보다 슬픔, 기쁨, 즐거움 등 감정을 다루는 영역입니다. 어린이들이 다른 이가 읽어 주는 그림책을 들으면서 쓰는 대뇌변연계는 언어를 이미지화해서 '이해'하는 활동이 아니라 감정을 움직여서 '체험'하는 활동이라고 했습니다. 즐겁게 체험을 하면 또 하고 싶다는 생각이 드는 것처럼 아이들에게 재미있었던 책은 또 놀고 싶은 놀이터와 같다는 것이지요.

숲에서 어린이와 놀다 보면 이렇게 반복 놀이를 하는 장면을 많이 만납니다. 대부분의 어린이는 지겨울 정도로 같은 놀이를 반복하지요. 오랫동안 한자리에서 흙놀이를 하거나 딱정벌레를 살펴보는 것은 흔히 볼 수 있는 풍경입니다.

그림책이 마음의 체험이라면 숲놀이는 몸의 체험입니다. 숲과 그림책이 어린이의 몸과 마음의 균형을 조화롭게 만들어 건강한 어린이로 자라게 도와줍니다.

숲과 그림책이 테라피입니다

　숲과 그림책, 두 말은 편안하고 따뜻한 울림을 줍니다. 그림책과 함께 자연 안에 폭 안긴 어린이의 모습을 상상하니 입가에 절로 미소가 지어집니다.
　숲속에서 일어나는 모든 날것들은 풋풋하고 싱그럽습니다. 숲은 생명이 스스로 일어났다가 이지러지는 곳이니까요. 어떤 생명의 끝은 다른 생명의 시작이기도 합니다. 삶과 죽음이 반복되는 현장에서 가장 중요한 생명을 배웁니다. 끝이라고 느껴지지만 그것이 끝이 아니라 새로운 시작임을 아는 것은 큰 발견입니다. 한 장소에서 삶과 죽음이 교차되는 모습을 맞이한 경험은 오랜 시간 뭉근히 기억될 것입니다. 그 기억은 살아가면서 순간순간 큰 위안이 될 것입니다.
　자연의 순환이 우리를 지혜롭게 할 때가 참 많습니다. 큰 질서를 거스르지 않고 모두가 함께 어우러져 사는 것이 평화라는 것은 변함없는 진리입니다. 오름이 있으면 내림이 있고 밤이 있어야 아침이 반갑고, 겨울이 있어야 봄이 온다는 것을 알려 주는 자연은 인간 세상에서 일어나는 크고 작은 고통과 시련을 담담히 받아들이게 하는 힘이 됩니다. 발밑만 보고 바동거리지 말고 고개를 높이 쳐들고 먼 미래를 보고 걸어도 된다는 깨달음의 지혜도 줍니다.

　이렇게 자연의 진리와 지혜를 정제하고 간추린 1차 가공품이 바로 그림책입니다. 그러기에 숲과 그림책은 세상에서 일어나는 근원적이고 근본적인 이야기를 담고 있습니다. 생명체 대 생명체로서의 도리와 배려, 서로를 향한 존중을 커다랗게 품고 있는 것입니다.

　숲놀이와 그림책 읽기는 내면을 들여다보고 나를 관찰하는 일이기에 다름을 인정하는 동시에 자존감을 높여 줍니다. 새로운 즐거움과 공존, 환경, 평화처럼 세상의 바탕이 되는 이야기를 나누고 배우는 일이지요. 이는 결국 행복한 나, 행복한 우리가 되는 일입니다.

　그러므로 테라피란 참된 행복을 직시하는 것이고, 올바른 교육을 지향하는 것입니다. 이 모든 것은 숲과 그림책에서 찾아내기에 충분합니다.

사람이 테라피입니다

　숲과 그림책, 그 자체가 테라피라고 했습니다. 그리고 올바른 교육이 테리피라고도 했지요. 이제 이 글을 마치면서 마지막으로 한 번 더 이야기하고 싶은 것은, 사람 자체가 테라피라는 점입니다.

　물론 숲과 그림책은 어린이에게 수만 가지의 소중한 것 중 하나일 뿐입니다. 어린이한테는 매 순간이 처음이고 새로움인 까닭에 이 세상은 놀라움으로 가득 차 있으니까요.

　신비롭고 놀라운 세상을 바라보고 있을 어린이에게, 아름다운 세상

으로 나아갈 어린이에게 어른의 편협된 시각으로 억압하지 말고 자유롭게 열어 놓으면 좋겠습니다.

지금까지 많은 것을 이야기했습니다. 특히 숲과 그림책의 소중함에 대해서 이야기했습니다. 숲과 그림책으로 어린이를 읽어 내려고 했습니다. 그럼에도 그 무엇보다 소중한 것은 바로 사람입니다. 다시 말하면 숲과 그림책 없이도 어린이를 올바르게 바라보는 시각을 가진 어른만 있으면 충분하다는 뜻입니다. 세상살이는 결국 사람 사는 일이니까요.

뒤이어 나오는 '둘_숲에서 찾는 행복 그림책'의 사례에서도 보겠지만 숲유치원이라는 이름을 달고도 지극히 소심한 어린이를 만드는 건 교사인 경우가 많았습니다. 물론 어디 교사 탓만 할 수 있나요? 교사 뒤에는 부모가 주시하고 있잖아요. 숲에서 하는 활동을 찍은 사진이 실시간으로 부모에게 전송되면 부모의 항의도 실시간으로 들어오는 세상이 되었으니까요.

교사와 부모 이야기로 좁혀서 말하는 까닭은 도깨비마을 유아숲체험원에서 많이 보아 온 사례 때문입니다. 도깨비마을의 숲학교와 숲놀이는 연속형 프로그램을 지향하지만 1회성으로 진행하는 경우도 많습니다. 그런 까닭에 여러 교사와 부모를 만납니다. 그때마다 어떤 프로그램과 놀이를 진행하느냐보다 '누가' 운영하느냐에 따라 분위기가 달라지는 것을 보아 왔습니다. 즉 '사람'의 중요함은 매번 강조해도 부족함이 없습니다.

어린이를 싫어하는 사람은 별로 없겠지만 어린이에게 관심이 없는 사람은 있습니다. 때로는 현장에서 만나는 부모나 교사 때문에 암담해지는 경우도 있습니다. 부모야 바꿀 수 없으니 어쩔 수 없다 하더라도 어린이에게 무관심한 교사를 볼 때면 왜 굳이 그 직업을 선택했는지 의문이 생기지요.

가장 걱정스러운 사람은 독선적인 사람, 즉 편협한 신념으로 똘똘 뭉친 사람입니다. 교육이라는 이름으로 어린이를 옴짝달싹 못하게 하는 교사도 가끔 있습니다. 그림책도 마찬가지입니다. 무서울 정도로 왜곡된 해석을 하기도 하잖아요.

어린이를 지극히 사랑하는 것을 넘어 맹목적인 사랑을 퍼붓는 어른도 문제입니다. 과잉보호는 방치보다 더한 폭력이 될 수도 있지 않을까

요? 놀기 위해 숲에 들어왔는데 위험하다고 땅 한번 제대로 밟지 못하게 하고, 옷을 더럽힌다고 단속하는 어른들을 어떻게 바라봐야 할까요? 위험한 환경이 어린이를 다치게 할 수도 있겠지요. 하지만 저는 부모가 만드는 한없는 안전 조치가 어린이를 더 큰 위험에 빠뜨리게 하는 것은 아닌지 고민하게 됩니다. 이런 성향의 어른은 그림책을 읽어 줄 때도 너무나 친절해서 어린이가 스스로 생각할 여지를 남기지 않고 상냥하게 자신의 생각을 주입시키는 데 최선을 다할 것만 같습니다.

　이 문제는 어린이를 세상에 오게 한 어른이 함께 고민해 볼 일이라고 생각합니다. 이 순간에도 스펀지처럼 어른의 모든 것을 빨아들이고 있는 어린이를 생각하면서 말이지요.

　저부터 스스로에게 묻습니다.

　"나는 어린이한테 어떤 어른이 되어야 할까?"

둘

숲에서 찾는 행복 그림책

숲에서 나를 찾다
숲에게 위로를 받다
숲에게 묻다

> **숲놀이** 숲에서 나를 찾다

엄마, 내 양말 젖어도 돼요?

아침부터 비가 주룩주룩 내립니다. 살짝 심란한 마음이 들지만 어쩌겠습니까, 빗속에서 놀아야지요. 숲학교에서는 비가 내리든 눈이 내리든 몸으로 부딪히며 느끼는 것을 원칙으로 삼고 있으니까요. 오늘 함께하는 아이들은 숲에서 만나는 비가 처음인지라 준비에 서툽니다. 비옷은커녕 아예 우산도 없이 온 아이도 있습니다. 일단 모두에게 비옷을 입혀서 계곡 트래킹에 나섰지요. 아이들은 물에 빠지지 않으려고 용을 썼지만 모두 쓸데없는 짓입니다.

결국 물에 빠지고 나서야 뒤뚱대던 걸음이 자유로워졌습니다. 그런데 한 아이가 끝까지 버텼습니다. 평소에도 무척이나 고집이 센 권한결이었지요. 이미 운동화가 척척해졌을 텐데도 양말을 버리면 엄마한테 혼난다고 말합니다. 그러고는 징검돌 위에서 깨금발로 서서 양말을 벗으려 합니다. 그냥 물에 들어오라고 말해도 어떻게든 벗으려 하기에 그

냥 두었습니다.

　나머지 아이들은 모두 다릿발 아래로 들어갔습니다. 다릿발 아래에 들어섰으니 노래를 불러야지요. 울림이 생겨서 무척 감미롭게 들리거든요. 우리가 노래를 시작하자, 한결이는 더 이상 참을 수 없었는지 양말

벗는 것을 포기하고 말았습니다. 드디어 물속으로 첨벙첨벙 걸어 들어
왔고 다리 아래에 둘러선 아이들과 함께 도깨비마을 숲학교 주제가를
불렀습니다.

  알을 까고 나올 때는 병원이 되었다가
  밥 먹을 땐 밥상이 되지
  친구들이 모이면 놀이터가 되었다가
  잠 잘 때는 침대가 되는
  애벌레의 모든 것은 이파리 한 장
  애벌레의 모든 것은 이파리 한 장

 — 〈이파리 한 장〉, 김성범 작사·작곡

 산으로 올라가는 길에 한결이가 벌러덩 누워 버렸습니다. 그리고 온
몸으로 비를 받아 냈습니다. 양말 버리지 말라는 엄마의 말을 포기하고
온몸이 자유를 얻은 것이지요. 문득 이런 생각이 들었습니다. '혹시 또
다른 엄마가 또 다른 양말 한 짝으로 아이의 자유를 옥죄고 있지는 않을
까?' 오늘, 양말의 족쇄에서 벗어난 한결이의 몸에는 평생 느끼고 살 빗
방울이 깊게 새겨졌을 것입니다.

숲에서 나를 찾다
그림책 읽기

양말 한 짝을 버릴 자유

비 오는 날, 교문 앞에는 우산을 들고 아이를 마중 나온 어른들로 북적거립니다. 하지만 그럴 형편이 안 되는 집도 많습니다. 그날 우리 집이 그랬습니다. 하필 엄마가 시골 할머니 댁에 갔거든요. 애꿎은 하늘을 한 번 노려보고는 가방을 머리에 이고 달렸습니다. 신발이 젖을까 봐 까치발로 달렸지요. 하지만 굵은 비가 쏟아지니 소용없었습니다. 또로록 쭈르륵 빗줄기가 머리를 타고, 얼굴을 타고, 목을 타고 흘러내립니다. 빗물이 눈앞을 가려 연신 손으로 훔쳐 냅니다. 세찬 빗줄기에 온몸이 젖어들자 더 이상 조심히 걸을 까닭이 없었어요. 자연스럽게 비와 나 사이의 경계가 사라지고 자유를 얻었습니다. 이미 흠뻑 젖었으니 비로부터 자유를 얻은 것입니다. 제법 물줄기를 이루어 흘러내리는 빗물을 참방거리며 걷다가, 발로 뻥 차기도 하고, 웅덩이에 첨벙 뛰어들었습니다. 우산을 들고 마중 오는 엄마가 없어서 얻은 자유였습니다. 온몸의 촉수

《비 오니까 참 좋다》

를 다 열어젖히고 눈, 귀, 살갗으로 느낀 그 하루를 지금도 통째로 기억하고 있습니다.

　이런 추억을 고스란히 떠오르게 하는 그림책 《비 오니까 참 좋다》를 펼쳐 봅니다. 여름날, 시커먼 구름이 몰려오고 비가 쏟아지면 하늘에서, 땅에서 비 냄새가 납니다. 아이가 펴든 노란 우산 위로 떨어지는 빗소리는 마치 북소리 같습니다. 시끄럽다고 소리쳤더니 비는 더 세차게 내립니다. 우산 위로, 땅 위로, 나뭇잎 위로, 지붕 위로 떨어지는 빗소리가 마치 오케스트라 연주 같습니다. 아이는 마침내 우산을 집어던지고 빗속으로 내달립니다. 아이가 온몸으로 비를 받아 내는 장면이 압권입니다. 가슴이 뻥 뚫립니다. 뭐라고 표현할 수 없는 해방감과 시원함으로 통쾌하기까지 합니다. 흠뻑 젖어 보지 않으면 느낄 수 없는 기분입니다.

　양말 한 짝을 포기하니 얻을 수 있는 자유가 이렇게 많습니다. 이처럼 살아 있는 어린이의 표정을 만날 수 있는 또 한 권의 그림책이 있습니다. 《어디서나 빛나는 댄디라이언》은 가디언 선생님과 반 아이들 그리고 전학 온 민들레 사자 댄디라이언 사이에서 빚어지는 이야기입니다. 가디언 선생님 반 아이들은 선생님의 말을 잘 듣고 예의도 바릅니다. 늘 깔끔하게 정리된 교실에서 생활하지요. 마치 온실 속의 꽃처럼 반듯한 아이들에게 댄디라이언의 등장은 놀라움이자 기쁨이었어요. 동시에 낯설고 불안한 일이기도 했습니다. 자신들의 모습과는 너무 달랐거든요. 그림을 그릴 때 아이들은 선 밖으로 그림이 튀어나가지 않게 칠하려고 애쓰지만, 댄디라이언은 기분대로 신나게 그립니다. 그러다 물통을 쏟기도 하지만요. 아이들은 이런 댄디라이언의 행동에 갈팡질팡합니다. 하지만 매

어느 끔찍한 수요일이었어요.
댄디라이언이 아이들의 얼굴에 수염을 그려 주었어요.
그러다 모두 수업에 늦고 말았어요.
이날 아이들은 다른 사람의 얼굴에 낙서를 하는 게
얼마나 버릇없는 짓인지 깨달았어요.

가드너 선생님은 크게 실망했어요.
아이들을 제대로 쳐다볼 수도 없었지요.

《어디서나 빛나는 댄디라이언》

일 새로운 놀이를 떠올리며 즐겁게 지내는 댄디라이언과 어울리면서 아이들의 얼굴에는 생기가 돕니다. 무채색이던 아이들 얼굴은 하나둘씩 자기만의 색깔을 띠기 시작합니다.

양말이 물에 젖으면 혼날까 봐 겁내던 한결이가 비 내리는 길바닥에 벌러덩 누워 버리는 순간, 댄디라이언과 친구들이 떠올랐습니다. 어린이의 마음속에는 '얌전하고 조용하고 상냥하게'를 잘 배운 어린이도 있지만 댄디라이언 같은 '자유분방한' 어린이도 있지요. 어쩌면 소란스럽고 미숙하고 스스로의 기분에 충실한 댄디라이언이 어린이의 본질 그 자체일지도 모릅니다. 온종일 재미있는 일을 찾아내는 게 바로 어린이잖아요. 그런데 댄디라이언의 친구인 바질은 교실이 엉망이 되거나 자신이 말썽꾸러기처럼 보이는 것을 불안해합니다. 그렇지만 정작 댄디라이언이 학교에 나오지 않자 그와 신나게 지냈던 날들을 그리워합니다. 친구들은 어렴풋이나마 자신 속에 숨죽이고 있는 어린이를 만났나 봅니다. 어른이 말하는 착한 어린이 말고 몸과 마음이 자유스러운 진짜 어린이를 말이지요.

어린이들이 숲에 들면서 옥죄던 사슬을 스스로 끊어 내는 모습이 흐뭇합니다. 한결이처럼 또 댄디라이언처럼요. 이 세상 어린이들이 비 오는 날이면 비를, 눈 내리는 날이면 눈을 제대로 느끼기를 바랍니다.

어린이가 가장 빛나는 순간은 어린이다울 때입니다. 양말 젖는 것을 걱정하기보다 물속으로 첨벙 뛰어들 줄 아는 어린이라면 좋겠습니다. 우리 어린이의 발걸음이 댄디라이언처럼 자유로우면 참 좋겠습니다.

함께 읽은 그림책

《**비 오니까 참 좋다**》 오나리 유코 글, 하타 고시로 그림, 황진희 옮김 | 나는별
《**어디서나 빛나는 댄디라이언**》 리지 핀레이 글·그림, 김호정 옮김 | 책속물고기

숲놀이 | 숲에서 나를 찾다

시를 써야만 놀 수 있다고요?

"얘들아, 오늘은 시 쓰는 날이다!"
"에이!"
신나고 재밌는 일로 가득한 숲속에서 시를 쓰게 한다는 게 조금 미안하지만 그래도 해 보고 싶었습니다. 그래서 큰소리부터 쳤지요.
"오늘은 시를 써야만 놀 수 있다!"
"촌장님, 아무 이야기나 써도 돼요?"
"그럼, 너희 마음대로 써!"
숲학교에서는 나를 '촌장님'이라고 부릅니다. 나는 시가 별거냐는 듯 뒷짐을 지고 딴청을 부렸습니다. 그런데 촌장 티만 내다가 '오감 열기'를 깜빡했습니다. 숲학교에서는 감각을 여는 오감 열기 활동을 꼭 하거든요. 숲에서 눈을 감고 있으면 얼마나 많은 소리와 냄새와 느낌이 스쳐 지나가는지 모릅니다. 하지만 제대로 느끼는 건 어려운 일이기도 합니다.

　얼마 전 숲에서 어린이들과 눈을 감고 5분 동안 말하지 않기를 걸고 내기를 했습니다. 만약 참지 못하고 말하면 처음부터 다시 하기로 했지요. 그런데 어떻게 되었을까요? 약속을 지켰다면 아마 지금도 숲에서 나오지 못했을 겁니다.

　오늘의 시 쓰기는 어땠을까요? 무척이나 덜렁대는 노정형 때문에 차분해지기란 거의 불가능했지요. 오늘도 정형이는 기대에 부응했습니다. 눈 깜빡할 사이에 시를 써 왔거든요. 어서 놀고픈 마음이었겠지요.

라파솔라 계속 반복

헉! 놀라웠지요. 속으로는 정형이에게 이런 재치가 있었나! 싶었지만 애써 무뚝뚝하게 말했습니다.
"이건 안 돼! 한 장 빽빽하게 쓰는 게 원칙이야."
"촌장님!"
나풀거리는 종이를 두 손으로 받아 든 정형이는 무척이나 억울한 눈빛을 보냈습니다. 나는 아무 일도 아닌 척 한마디 했습니다.
"오늘은 가득 써 와야만 해. 그래야 놀 수 있어."
정형이는 잠깐 고민하더니, 또다시 열심히 쓰기 시작했습니다. 그러더니 역시 순식간에 가져왔습니다.

나무 나무 나무 나무 나무 나무 나무 나무 나무 나무 나무 나무
나무 나무 나무 나무 나무 나무 나무 나무 나무 나무 나무 나무
······

종이 한 면을 나무라는 글자로만 가득 채웠습니다. 정형이가 덜렁대기만 하는 아이는 아니었습니다. 숲에서 이보다 더 어울리는 시가 어디 있겠습니까.
"노정형! 오늘은 네가 장원이다."

숲에서 나를 찾다
그림책 읽기

느낌이 시가 되는 순간

누구나 자꾸 뒤로 미루다 코앞에 닥쳐야만 하는 일이 하나씩은 있지요. 저에게는 글 쓰는 일이 그렇습니다. 쓰고, 지우고, 쓰고, 지우고를 반복하다 결국은 첫 줄도 못 쓰고 하루해를 넘기기도 합니다. 잘 쓰고 싶다는 욕심을 버리면 된다는데, 내가 어떤 욕심을 내는지 그 충고조차 알아듣기 힘들 때가 있습니다. 독서도 하나의 평가 대상이 되면서 저처럼 글쓰기에 부담을 갖는 어린이가 많아졌겠지요.

잘 읽히면서 감동까지 준다면 좋은 책이라 할 수 있지요. 그럼 쉽게 읽히면서 감동을 주는 글은 어떻게 써야 하는 걸까요? 그림책 작가 안노 미쓰마사安野光雅가 한 말에서 힌트를 찾을 수 있을 거예요. 그는 미술 시간의 목표가 무엇을 잘 그리거나 무엇을 잘 만드는 것에 있지 않다고 했어요. 좋은 그림이란 잘 따라 그리는 것보다 느낀 대로 그리는 것이 더 중요하다는 말이겠지요. 그건 좋은 글도 마찬가지일 겁니다.

그림책《소피가 속상하면, 너무너무 속상하면》에서 선생님은 아이들에게 좋아하는 나무를 한 그루 찾아보라고 합니다. 다음 날 그 나무를 그릴 거라고 말이지요. 소피에게는 화가 나거나 슬플 때, 위로를 받는 너도밤나무가 있습니다. 곁에 다가가기만 해도 기분이 좋아지는 나무였습니다. 다음 날 수업 시간에 소피는 너무나 사랑하는 너도밤나무를 그렸습니다. 그런데 보이는 대로 줄기를 회색으로 칠했더니 나무가 칙칙하고 슬퍼 보였습니다. 완전히 잘못 그렸다고 생각한 소피는 이번에는 나무줄기를 파란색으로 칠했습니다. 소피가 느낀 그대로의 나무였습니다. 옆에서 보고 있던 친구가 "소피, 나무가 틀렸어. 진짜 나무는 파란색이 아니야!"라고 말합니다. 그때 선생님이 소피의 그림을 들고는 이렇게 말했습니다. "소피는 나무를 찬찬히 살펴본 다음 본 대로 그렸어. 그리고 느낀 대로 색칠한 거야." 맞아요. 그것이 소피가 본 너도밤나무였습니다. 소피의 그림을 한참 들여다보던 아이들은 소피의 나무가 행복해 보인다고 말했습니다.

글도 마찬가지 아닐까요. 내가 무엇을 어떻게 느꼈는지 마음을 기울여 그대로 표현하는 것이 좋은 글이고, 그런 글이 사람을 감동시킬 수 있겠지요. 물론 생각처럼 잘 되지는 않겠지만요.

숲학교에서 시를 짓는 어린이들은 시를 어떻게 생각할까요? 짧게 행을 나누면 시가 된다고 생각할까요? 마음대로 쓰면 시라고 생각할까요? 알쏭달쏭한 글쓰기이기에 다른 글보다 시가 더 어렵다고 느낄지도 모르겠습니다. 도대체 시란 무엇일까요?

시를 아주 쉽게 설명한《다니엘이 시를 만난 날》이라는 그림책이 있습니다. 늘 공원에서 뛰어노는 다니엘은 공원에서 일어나는 일이라면 모르는 것이 없습니다. 그런데 어느 날 공원에 이런 안내문이 붙었습니다. '공원에서 시를 만나요. 일요일 6시.'

안내문을 본 다니엘은 시가 뭘까 생각하다가 숲속 동물 친구들에게 물어봅니다. 거미는 "시는 아침 이슬이 반짝이는 거야.", 청설모는 "시는 바삭바삭 나뭇잎이 바스락거리는 거야.", 거북은 "시는 따끈따끈 햇볕에 달궈진 모래밭이야."라고 대답합니다.

동물들이 쓴 시는 전부 자기의 일상에서 건져 낸 이야기였습니다. 아주 특별하거나 멀리 있지 않고 주변에서 일어나는 소소한 일을 자기만의 느낌으로 표현한 것이 시라고 한결같이 말해 줍니다.

'라파솔라 계속 반복'이라고 한 줄 써 놓고 촌장님 앞에 불쑥 종이를 내민 정형이의 시! 이 시는 정형이가 숲에서 느낀 기분 그대로일 것입니다. 모두가 숲에서 본 것을 멋지게 표현하려고 애쓸 때 정형이의 머릿속에는 '라파솔라'와 같은 리듬이 반복되었나 봅니다. 마음속으로 가만히 정형이가 쓴 '라파솔라'를 따라 불러 봅니다. 발걸음이 빨라지고 몸이 흔들리는 느낌입니다. 정형이는 시보다는 빨리 뛰어놀고 싶었던 모양입니다. 아니 넓은 숲을 보며 놀고 싶은 마음을 시로 지은 것입니다. 소피의 선생님처럼 정형이의 마음을 깊이 읽어 주는 어른이 옆에 있으면 얼마나 좋을까요? 멋들어진 시를 짓기보다 그 순간의 느낌을 솔직하게 표현하는 것이 더 멋지다고 응원해 주는 어른이 곁에 있다면 어린이는 더 힘이 날 거예요.

옛날 중국에 꽃과 나무를 사랑하고 잘 키우는 핑이라는 아이가 살았어요. 임금님도 꽃 사랑이 지극했어요. 꼬부랑 할아버지였던 임금님은

《빈 화분》

꽃을 잘 키우는 사람을 후계자로 뽑기로 하고, 꽃씨를 나눠 준다는 방을 붙였어요. 꽃 가꾸기에 자신 있던 핑도 꽃씨를 받아 옵니다. 하지만 화분을 들고 궁궐로 가야 하는 날은 다가오는데 핑의 화분에는 아무것도 자라지 않았습니다. 기운이 빠진 핑을 보고 아버지는 빈 화분을 들고 가라고 합니다. 정성을 다했으니 괜찮다고요. 막상 가 보니 다른 아이들이 들고 온 꽃들은 하나같이 예뻤습니다. 임금님이 "너는 왜 빈 화분을 들고 왔느냐?" 하고 묻자 핑은 울음을 터트립니다. 그런데 놀랍게도 임금님이 나눠 준 씨앗은 익힌 것이었습니다.

정형이의 시가 데미의 그림책《빈 화분》을 떠오르게 했습니다. 익힌 씨앗에서 꽃이 필 리가 없지요. 정형이의 시는 솔직함을 담은 빈 화분이었습니다. 종이 한 면을 '나무'로 꽉 채운 것을 보고 촌장님이 '네가 장원이다.'라고 말한 대목에서 핑의 아버지가 떠올랐습니다.

귀에 들리는 대로 눈에 보이는 대로 기교 부리지 않고 솔직한 느낌을 표현한 정형이는 거짓으로 꽃을 피우지 않은 핑이었습니다. 누군가에게 잘 보이려고 쓴 것이 아니라 마음에서 올라오는 느낌 그대로, 즉 마음이 시키는 대로 솔직하게 쓰고, 촌장님은 그것을 솔직하게 받아 줬으니 이보다 더 좋은 시가 어디 있겠습니까.

"정형아, 오늘은 네가 장원이란다!"

함께 읽은 그림책

《**소피가 속상하면, 너무너무 속상하면**》 몰리 뱅 글·그림, 박수현 옮김 | 책읽는곰
《**다니엘이 시를 만난 날**》 미카 아처 글·그림, 이상희 옮김 | 비룡소
《**빈 화분**》 데미 글·그림, 서애경 옮김 | 사계절

숲에서 나를 찾다 | 숲놀이

바람이 마음의 문을 열었어요

매주 숲놀이를 오는 아이 중에 특별하게 여겨지는 한 아이가 있습니다. 여섯 살이지만 의사 표현이 또래에 비해 무척 서툴고, 하고 싶은 말이 있으면 칭얼거리면서 내 팔을 잡아끌었지요. 할아버지랑 단둘이 사는데 남자는 모두 '아빠'라고 부릅니다. 그런데 숲에 들어온 지 석 달이 된 오늘, 드디어 나를 '촌장님'이라고 불렀습니다. 이건 대단한 발전입니다.

놀라서 물었습니다.

"미영아, 내가 누구라고?"

"촌장님!"

"우리 미영이 오늘, 최고다!"

그런데 촌장님이라고 부르는 것보다 더 놀라운 일이 벌어졌습니다. 오늘은 무척 더웠어요. 아이들 말처럼 모기 밥이 되지 않기 위해 우리는

숲길을 피하고 큰길로만 걸어 산등성이를 올랐습니다. 이마에는 땀이 송알송알 맺혔고요. 아이들과 해찰을 부리며 딱정벌레를 관찰하는데 바람이 한 자락 휙 불어왔습니다.

"아, 시원해!"

이게 누구일까? 미영이 목소리 같았습니다. 바로 고개를 돌려 확인한 순간 나는 눈물이 찔끔 나올 뻔했습니다. 정말 미영이었으니까요. 처음으로 자기 마음을 드러낸 순간입니다. 어설프게 머리카락을 쓸어 넘기는 미영이가 어떤 그림책에서 만났던 공주님보다도 우아하고 예뻐 보였습니다.

"미영아, 방금 뭐라고 했어?"

"시원해요."

오, 하느님 부처님 감사합니다. 이 세상에서 시원하다는 말 한마디에 이렇듯 감동을 받은 사람이 또 있겠습니까.

마음을 드러내지 않던 미영이는 오늘 세상을 향해 커다란 문 하나를 열어젖힌 것입니다. 숲은 앞으로도 미영이의 오감을 천천히 열어 줄 게 틀림없지요. 바람 한 줄기가 미영이의 마음을 열어젖힌 것처럼 풀냄새가, 계곡 물소리가, 꼬물거리는 애벌레의 몸짓이 미영이에게 쉬지 않고 말을 걸어 댈 겁니다. 그러면 나는 또 가슴 떨리는 순간을 맞이하겠지요. 참말로 미영이의 앞날이 기대됩니다. 미영이는 처음부터 모든 것을 숲한테 배워 가고 있으니까요.

숲에서 나를 찾다
그림책 읽기

큰 품에 안긴 날

할아버지랑 단둘이 산다는 미영이 이야기를 들으면서 번뜩 떠오르는 그림책이 있습니다. 할머니와 둘이서 외롭게 사는 조지와 유기견 제러미와의 만남을 그린 《널 만나 다행이야》입니다.

조지는 할머니와 함께 삽니다. 두 사람은 한집에 살지만 마치 다른 별에 사는 사람들 같습니다. 할머니는 인자하지만 나이가 많았어요. 쓸쓸한 조지는 학교에서 돌아오는 길에 동물 보호소에 들릅니다. 동물 보호소 마지막 우리에는 아무도 데려가지 않는 개들이 갇혀 있어요. 조지는 그 우리에서 개 한 마리를 발견합니다. 다음 날이면 죽게 될 절름발이 세발이, 제러미였습니다. 조지는 할머니에게 제러미를 데려오자고 간절히 부탁합니다. 조지의 깊은 외로움을 알아챈 할머니는 동물 보호소로 가서 제러미를 데려옵니다.

제러미는 조지와 지내면서 보호소에서는 듣지 못했던 새로운 말을 하나하나 익힙니다. '푹신한 방석', '저녁밥', '껴안기' 같은 말이었어요. 조지에게도 들어는 보았지만 겪어 보지 못했던 '따뜻함', '혼자가 아니야'와 같은 말들이 채워지기 시작했습니다. 둘이 함께하면서 새로 생겨난 말입니다.

말이라는 것은 이렇게 마음이 움직이면서 배워야 제대로입니다. '따듯하다' 혹은 '시원하다'는 것이 어떤 것인지 느껴야 비로소 입 밖으로 나옵니다. 그리고 누군가와의 주고받음 속에서 그 말이 가진 의미가 더 분명해집니다.

남자는 무조건 '아빠'라 부르고, 하고 싶은 말이 있으면 칭얼거리면서 팔을 끌어대는 것이 의사소통의 전부였던 미영이에게 숲으로 다니는 시간이 쌓이면서 아빠와 다른 사람을 구분하는 힘도 함께 생겨났는가 봅니다. 제러미가 처음 느꼈던 '푹신한 방석', '저녁밥', '껴안기'처럼요. 그 새로운 말들은 미영이의 마음을 한껏 흔들었을 터이고 아빠와 촌장님을 구분하기에 이르렀을 겁니다. 우리 귀에 들려온 "촌장님!"이라는 말 한마디 뒤에 숨어 있는 말 보따리는 또 얼마나 많을까요? 그 보따리가 풀려 하나하나 세상에 나올 말들을 기다립니다. 앞으로 미영이가 세상을 향해 어떤 말을 걸어 줄지 벌써부터 두근거립니다.

미영이가 바람을 맞으며 "아, 시원해!"라고 말하는 장면에서 눈앞에 있는 안개가 걷히는 느낌이었습니다. 드디어 미영이의 마음을 바람이 열어젖힌 것 같았거든요. 미영이가 시원하다고 말하는 순간을 숲이 미영이를 껴안는 순간이라고 믿고 싶습니다.

미영이의 마음을 움직이게 한 것처럼, 속상했던 마음을 자연으로부터 위로받은 또 한 아이의 이야기가 있습니다. 《소피가 화나면, 정말 정말 화나면》입니다.

　엄마는 재미있게 놀고 있는 소피를 보고 언니에게 고릴라 인형을 양보하라고 합니다. 소피는 그런 엄마 때문에 화가 났어요. 그래서 소피는 밖으로 나가 달리고 달리다 주저앉을 때까지 달립니다. 아주 잠깐 울고 난 뒤에 숲속을 천천히 걸어요. 그러다 오래된 너도밤나무에 올라갑니다. 나무 위에 걸터앉아 드넓은 세상의 위로를 받습니다. 이제 소피의 마음은 평온을 되찾습니다. 화산처럼 폭발했던 화가 숲의 친구들인 바위, 나무, 바람, 물결 덕분에 제자리로 돌아온 것이지요.

　그림책을 다시 펼칩니다. 높은 나뭇가지에 앉아 먼 곳을 바라보는 소피 옆자리에 나도 슬그머니 앉습니다. 소피와 함께 출렁이는 파도를 한참이나 바라보니 마음이 잔잔해집니다. 때때로 자연이 주는 위로가 사람에게 받는 위로보다 훨씬 클 때가 있습니다. 그날 소피가 받은 위로가 그랬겠지요. 미영이도 마찬가지였을까요? 그동안 닫혀 있던 미영이 마음에 숲이 노크를 했을까요? 미영이가 마음을 열고 달려 나갈 수 있는 숲길이 언제나 가까이 있기를 바랍니다.

함께 읽은 그림책

《널 만나 다행이야》 콜린 톰슨 글·그림, 박수현 옮김 | 책읽는곰
《소피가 화나면, 정말 정말 화나면》 몰리 뱅 글·그림, 박수현 옮김 | 책읽는곰

숲놀이 | 숲에서 나를 찾다

재밌다고 생각하면 무섭지 않아요

도깨비마을 숲놀이터에는 어린이들이 오를 만한 나무가 세 그루 있습니다. 각각 초급형, 중급형, 고급형으로 난이도가 다릅니다. 숲에서 놀아 본 아이들은 무모하게 위험한 행동을 하지 않습니다. 스스로 알아서 올라가기도 하고 포기하기도 하면서 난이도를 조절해 나갑니다. 나는 아이들에게 나무에 올라가지 못한다고 선언을 했습니다.

"촌장님은 나무에 못 올라간다."

"왜요?"

"고소공포증이 있거든!"

"나도 그거 있는데요."

내가 고소공포증이 있다고 하면 자랑스럽게 자기도 그렇다는 친구가 나타납니다. 은근슬쩍 한편이 되는 것이지요. 내가 먼저 나무에 못 올라간다고 말해 놓는 까닭은 그래야 나무에 못 오른 아이들이 창피해

하지 않을 것 같고, 나무를 잘 타는 아이들이 무서워하는 친구들을 얕잡아 보지 않을 것 같아서입니다.

초급형 나무는 물오리나무입니다. 낮은 곳에서 가지가 여러 갈래로 뻗어 있어 누구나 올라서기 쉽지요. 그런데 올라선 곳에서 다시 다른 나무에 잇대어 흔들거리는 하늘 사다리를 만들어 놓았습니다.

한 자매가 도전장을 내밀었습니다. 2학년인 날렵한 언니는 무난히 하늘 사다리를 탔습니다. 그것을 본 일곱 살 동생도 건너고 싶었나 봅니다.

"언니, 나도."

이번에는 언니가 동생을 붙잡아 나무 위에 올려 줍니다. 막상 하늘 사다리를 타려니 무서워진 동생이 칭얼댑니다.

"언니, 무서워!"

"안 무서워!"

"난 무섭단 말야."

그 모습을 바라보던 나는 칭얼대는 동생을 내려 주고 싶었지만 잠시 두고 봤습니다. 선생의 가장 어려운 항목인 '간섭하지 말자'를 지키기 위해 노력하는 중이었으니까요. 그런데 언니는 나보다 훨씬 훌륭한 선생이었습니다.

"재밌다고 생각하면 하나도 안 무서워!"

동생은 언니 말에 힘을 내어 한 발 한 발 발걸음을 옮겼습니다. 맞아요. 세상일 재밌다고 생각하면 두려움이 덜해지기도 합니다. 나도 이제부터 힘겹고 두려운 일에 부딪치면 '재밌다' 생각하자고 다짐합니다.

숲에서 나를 찾다 / 그림책 읽기

두려움과 마주 서는 방법

나는 어릴 때부터 겁이 많았어요. 어처구니없는 일로 겁을 내서 엄마조차 자주 놀렸는데, 그중 하나가 '똥파리'라는 말이었어요. 길을 걷다가 똥파리라는 소리만 들어도 기겁하면서 달아났던 기억이 아직도 납니다. 그때는 똥파리가 왜 그렇게 크고 무섭게 보였는지 모르겠어요.

나무에 올라가지 못하는 아이, 올라가도 뛰어내리지 못하는 아이, 하늘 사다리에 올라서지 못하는 아이……. 모두가 다 두려움 때문에 그러하겠지요. 어디서 어떤 이유로 생겨나는지 모르지만 누구나 두려움을 가지고 있습니다. 특히 실체가 없는 두려움은 사람을 소심하게 만듭니다. 하지만 대부분의 두려움은 스스로가 만들어 낸 허상인 경우가 많아 그 실체와 마주하면 싱거우리만큼 쉽게 걷히기도 합니다.

자신을 움츠리게 하는 두려움을 정면으로 맞서서 유쾌하게 극복하는 그림책이 바로 《귀신안녕》입니다.

《귀신안녕》

　표지의 '귀신안녕'이라는 제목마저도 보일 듯 말 듯, 마치 어둠 속에 희미하게 모습을 나타내는 귀신처럼 표현되어 있습니다. 자세히 보아야 제목이 보입니다. 표지를 넘겨 면지를 보니 한가운데 자리한 어두운 파랑색이 마치 깊은 바다처럼 보입니다. 계속 보고 있으면 두려움의 세상으로 빠질 것만 같습니다.

　깜깜한 밤이 오면 귀신이 무서워 이불 속에 들어가 꼼짝도 못하는 아이가 있습니다. 화장실에 가고 싶어도, 아무리 목이 말라도 가지 못하고 꾹 참습니다. 어둠 속에 귀신이 있을 것만 같기 때문입니다. 귀신을 무서워하던 아이는 어느 날 자신이 왜 귀신을 무서워하는지 곰곰이 따져 봅니다.

 귀신이 무서웠던 것은 뾰족하고 긴 손톱 때문이라는 생각이 들었습니다. 아이는 귀신의 손톱을 또각또각 잘라 줍니다. 또 한 가지는 길게 풀어 헤친 머리 때문이라는 생각이 들어 이번에는 귀신의 긴 머리를 양 갈래로 묶어 줍니다. 그러고 나서 숨을 크게 쉬고 귀신을 마주 보니, 놀랍게도 하나도 안 무섭습니다. 이제 아이는 귀신에게 귀신놀이를 하자고까지 합니다.

 귀신에 대한 두려움이 사라지자 아이의 눈과 마음에는 초롱초롱 반짝이는 밤하늘의 별이 찾아옵니다. 다른 것은 변함이 없는데 두려움에 가려졌던 세상이 걷히고 이제야 별을 바라볼 수 있게 된 것이지요. 이처럼 두려움은 우리 앞을 가로막는 벽이 되어 있는 경우가 있습니다.

 우리는 살아가면서 두려움 같은 수많은 벽을 만납니다. 그 벽은 앞으로 나아가려는 우리를 막아서거나 새로운 가능성을 방해하지요. 벽 너머에는 새로운 세상이 기다리고 있을지도 모르는데요. 그 벽에 관한 그림책 《빨간 벽》이 있습니다.

 언제나 그 자리에 있어서 너무나 당연히 여겨지는 빨간색 벽이 있었어요. 호기심 많은 꼬마 생쥐는 벽 너머에 뭐가 있을지 궁금했습니다. 그래서 동물들 하나하나에게 물어봅니다. 고양이, 곰, 여우, 소리를 잃어버린 사자까지 한결같이 말합니다. 벽 바깥쪽은 위험하고, 벽 너머는 아무것도 없으니 지금 그대로를 받아들이라고요.

 어느 날, 빛깔 고운 파랑새가 벽 너머에서 날아왔어요. 꼬마 생쥐는 파랑새에게 벽 너머로 데려다 달라고 합니다. 벽을 넘은 꼬마 생쥐는 상

"벽이 어디 있지?" 꼬마 생쥐가 물었어요.
"무슨 벽?" 파랑새가 물었어요. "벽은 처음부터 없었어."

그게 무슨 말인지
생쥐는 알 것 같았어요.

《빨간 벽》

상도 못할 색색의 세상과 만납니다. 꼬마 생쥐는 이 아름다운 세상을 다른 친구들에게 알려 줘야겠다고 생각합니다. 그런데 뒤돌아보니 신기하게도 벽은 사라지고 없습니다. 파랑새는 처음부터 벽은 없었다고 말합니다.

꼬마 생쥐야,
네 인생에는 수많은 벽이 있을 거야.
어떤 벽은 다른 이들이 만들어 놓지만
대부분은 네 스스로 만들게 돼.

누구나 벽을 만나기도 하고, 벽을 만들기도 합니다. 하지만 내 마음과 생각이 열려 있다면 그 벽들은 하나씩 사라질 거라고 파랑새는 말해 줍니다. 그때 보이는 세상은 전과는 다른 세상이겠지요?

하늘 사다리를 밑에서 올려다봅니다. 흔들거리는 사다리 위에서 미끄덩거려 헛발을 짚으면 어떻게 하나 염려스럽겠지요. 밑으로 떨어질 것을 상상하면 몸이 오싹해집니다. 혹시 손이라도 놓치면 어쩌나 겁도 납니다. 일어나지도 않은 일을 상상하면서 두려움을 키웁니다. 높은 곳에서 아래를 내려다보면 속이 울렁거리기도 합니다. 무서워하는 동생에게 언니는 파랑새가 되어 말합니다.

"재밌다고 생각하면 하나도 안 무서워!"

두려움의 본질을 알고 그것과 맞설 용기를 가진다면, 두려움 저 너머의 세상을 궁금해한다면 또 다른 세상을 만날 수 있겠지요. 귀신이 왜 무서운지 생각해 보고 무서운 원인과 정면으로 맞서서 하나하나 헤쳐 나간 아이처럼, 파랑새를 따라 벽 너머로 날아간 꼬마 생쥐처럼요.

하늘 사다리에 오른 동생은 앞으로 살아가면서 두려움의 다리를 만나고 또 만나겠지요. 그때마다 언니가 한 말이 떠오를 겁니다.

"재밌다고 생각하면 하나도 안 무서워!"

함께 읽은 그림책

《귀신안녕》 이선미 글·그림 | 글로연
《빨간 벽》 브리타 테켄트럽 글·그림, 김서정 옮김 | 봄봄

숲놀이 숲에서 나를 찾다

사다리를 만들 거예요

　아이들과 집을 지어 보려고 합니다. 4, 5학년이 각각 한 명, 나머지는 2, 3학년으로 이루어져 있으니 노동력으로만 보면 형편없는 구성입니다. 집 짓는 것이 가능할지 아니면 시늉만 내고 말지 모르겠지만 일단 시도해 보기로 했습니다.

　어린이가 한곳에 오랫동안 집중하는 건 결코 쉬운 일이 아닙니다. 톱과 망치를 보자마자 서로 하겠다고 덤벼들었지만 시간이 지나면서 한두 명씩 빠져나갔습니다. 망치질과 톱질이 생각처럼 쉽지만은 않거든요. 늘 그렇지만 또 이변이 생겼습니다. 하는 일마다 남 탓을 잘하는 나만이가 사다리를 만들기 시작한 것입니다. 집을 지으려면 사다리가 꼭 필요하다면서 말이지요. 처음에는 몇 명이서 모여 함께 시도했는데 잘 만들어지지 않자 곧 싫증을 내고 숲놀이터로 가 버렸습니다. 그런데 어찌된 일일까요. 남 탓하기 잘하던 나만이가 누구의 탓도 하지 않고 혼자

서 묵묵히 톱질과 망치질을 하는 것이었습니다. 나도 설마 하며 구경만 하다가 나만이 옆에서 보조를 하기 시작했습니다. 나만이는 끝까지 포기하지 않았습니다.

마침내 사다리가 만들어졌지요. 나만이는 뿌듯한 얼굴로 자신이 만든 사다리를 들고 다녔습니다.

"촌장님, 집으로 바로 올라갈까요, 바위 쪽으로 올라갈까요?"

"글쎄, 어디가 좋을까?"

집으로 바로 올라가기보다는 바위에 올라서서 집으로 들어가는 것이 더 멋져 보였습니다. 우리 둘은 사다리를 바위에 걸쳐 놓고는 그것을 딛고 올라갔습니다.

"와!"

"좋다!"

무슨 말이 필요하겠습니까. '좋다'는 한마디로 서로 마음이 통해 버렸는데요. 나는 오늘에서야 나만이가 어떤 아이인지 알아챘습니다. 다 큰 어른이라고 해서 어린이의 마음을 모두 헤아릴 수는 없는 법입니다. 나만이를 보던 내 눈도 조금 삐뚤어져 있었나 봅니다. 구부러진 못은 망치 맛 좀 봐야 바로 펴지겠지요?

숲에서 나를 찾다
그림책 읽기

관심이라는 멋진 선물

반갑지 않은 전화가 있습니다. 그렇다고 피할 수도 없으니 꼭 받아야 할 때가 있지요. 큰아이의 학교에서 걸려 온 전화가 그렇습니다. 별난 구석이 많은 아이는 학교에서도 다르지 않았습니다. 그날도 그랬습니다. 벽에 스프레이 페인트를 이용해 얼핏 보면 낙서 같은 그림을 그리는 그래피티 아트에 빠져 있던 아이가 학교 담벼락에 그림을 그렸나 봅니다. 학교에서 전화가 올 만한 일이었지요.

아이에게 아무 곳에다 그림을 그리면 안 된다고 거듭 당부를 했지만 아이의 마음에는 닿지를 않았나 봅니다. 드디어 큰일을 냈구나, 싶었는데 담임 선생님으로부터 예상하지 못한 말을 들었습니다. "지수가 이전에도 학교 담벼락에 그림을 그리는 걸 몇 번 보았어요. 그림으로 표현하는 것을 좋아하는 아이잖아요. 아직 어리지만 그래피티를 마음껏 할 수 있는 동호회를 찾아보았는데, 적당한 모임이 있더라고요. 거기에

가 보는 건 어떨까요?"

아이가 가진 특별한 관심을 좋은 선생님 덕분에 즐거운 경험으로 만들 수 있었습니다. 아이는 그 뒤로 폐교 벽화 작업에도 참여하면서 그림을 즐겼습니다. 아이가 좋아하는 것을 발견하고 응원해 준 어른 덕분입니다. 《구덩이》라는 그림책을 볼 때마다 그 선생님이 생각납니다.

일요일 아침, 아무 할 일이 없어서 히로는 구덩이를 파기로 했습니다. 엄마가 와서 무엇을 하는지 물어봅니다. 히로는 "구덩이 파."라고 대답합니다. 아빠는 "서두르지 마라. 서둘면 안 된다."라고 합니다. 그렇게 여러 번 읽으면서도 이 대목에서 늘 목이 멥니다. 금세 결과물이 보이지 않고 헛돼 보이는 일에 부모로부터 응원을 받는 아이들이 몇이나 될까요? 하지만 처음부터 그럴 듯한 일보다, 하다 보니 멋진 일이 되는 경우가 더 많지 않나요? 히로의 구덩이 파기처럼요. 물집 잡힌 손바닥은 아프고 땀이 흘러내렸지만 히로는 '더 파야 해. 더 깊게.'라고 생각합니다. 한참을 파 내려가다 애벌레가 흙 속으로 되돌아가는 것을 본 순간 히로는 파던 일을 멈추고 구덩이 안에 쪼그려 앉습니다. 안은 조용하고 흙에서는 좋은 냄새가 났습니다. 히로는 삽 자국이 나 있는 구덩이의 벽을 손으로 만지면서 생각합니다.

'이건 내 구덩이야.'

그때 엄마가 와서 묻습니다.

"뭐 해?"

엄마는 얼마나 물어보고 싶은 것이 많았을까요? 하지만 그 많은 궁금증을 누르고 아무렇지도 않은 듯 물어봅니다.

그 물음에 히로의 대답은 간결하고 당당합니다.

"구덩이 안에 앉아 있는 거지."

아빠가 오더니 "꽤 멋진 구덩이가 됐는걸." 합니다. 히로는 "흠." 대답을 하고는 구덩이 안에 그대로 앉아 있습니다. 히로가 그렇게 할 수 있었던 것은 묵묵히 지켜봐 준 부모가 있었기에 가능한 일입니다. 히로는 구덩이 안에서 하늘을 올려다봅니다. 파란 하늘은 여느 때보다 훨씬 파랗고 높아 보입니다. 아무도 가질 수 없는 히로만의 하늘입니다. 제 손으로 판 구덩이에 앉아 본 사람만이 가질 수 있는 하늘입니다.

히로는 땅 위로 올라와 자신이 판 구덩이를 내려다봅니다. 구덩이는 깊고 어두웠습니다. 히로는 다시 한 번 이렇게 생각합니다. '이건 내 구덩이야.' 그러고는 구덩이를 메우기 시작합니다. 땅은 원래대로 돌아왔지만, 히로의 마음속에는 그 무엇과도 바꿀 수 없는 자신만의 구덩이가 생겼습니다.

나는 구덩이 속에 앉아 있는 히로를 떠올려봅니다. 알맹이가 꽉 찬 한여름의 옥수수 같은 뿌듯함으로 팽팽해진 히로의 마음이 보이는 것 같습니다. 부모들에게 받은 이런 응원은 앞으로 살아갈 시간 속에서 스스로를 믿는 힘으로 커 가겠지요? 아이들이 좋아하는 것을 담담하게 지켜봐 주고 따뜻한 말로 응원해 주는 이런 어른이 많아지면 좋겠습니다. 마지막까지 남아서 톱질을 하는 나만이 곁에서 묵묵히 응원하는 촌장님처럼요. 나만이도 속마음은 이랬을까요? '이건 내 사다리야.'

무엇인가를 앞뒤 따지지 않고 미친 듯이 달려들어 본 적이 있는 사람은 압니다. 나만의 것이 무엇이고 그것이 주는 기쁨이 어떤 것인지를, 그 기쁨은 또 다른 구덩이를 팔 수 있는 힘이 됩니다. 그 순간 받은 응원 또한 평생 잊지 못할 힘의 원천이 됩니다. 이렇게 커진 힘으로 아이들은 세상과 맞설 수 있습니다. 누구든 하고 싶은 것은 있기 마련이고 할 수 있는 것이 있습니다. 스스로가 무엇을 하고 싶은지 마음의 소리를 듣고 그 소리에 맞추어서 움직이면 참 좋을 텐데, 우리 아이들은 히로처럼 지내지 못합니다. 할 일이 너무 많고 금세 눈에 보이는 결과를 쫓는 어른들이 지나치게 많기 때문입니다. 그런 까닭에 많은 아이들이 스스로 무엇을 하고 싶은지 본인의 욕구를 알지 못하고, 선택 앞에서는 늘 망설입니다. 사다리를 만들었던 나만이는 자기의 생각이 또렷했던 까닭에 늘 투덜거렸는지도 모릅니다. 하고 싶지 않다는 것을 서툴게 표현했을 수도 있어요. 그렇다면 나만이의 생각이 지워지기 전에 어른들이 빨리 헤아려 줘야겠지요. 아니면 아이들이 스스로를 알아챌 때까지 기다려 주는 어른이 되든지요.

《벤의 트럼펫》에 나오는 주인공 벤은 재즈 클럽이 많은 동네에 사는 아이입니다. 저녁이면 벤은 비상계단에 앉아 지그재그 재즈 클럽에서 흘러나오는 음악을 듣습니다. 학교에서 돌아오는 길에도 꼭 그 클럽에 들러 연주자들이 연습하는 모습을 구경합니다. 신이 난 벤은 듣는 것으로 그치지 않고, 상상의 트럼펫을 만들어 붑니다. 마치 트럼펫 연주자가 된 듯 몸도 들썩입니다. 그러고는 엄마와 할머니, 동생에게 연주를 해 줍니다. 하지만 그 누구도 벤의 열정에 동조해 주지 않습니다. 친구들은 이런 벤을 보고 머리가 어떻게 된 게 아니냐고 비웃습니다. 실망한 벤은 힘없이 집으로 걸어갑니다. 그리고 집 앞 계단에 앉아 지그재그 재즈 클럽에서 새어 나오는 불빛을 바라봅니다. 그때 밖으로 나온 클럽의 트럼펫 연주자가 벤에게 말을 붙입니다.

"네 트럼펫은 어디 갔니?"

"트럼펫 같은 거 없어요."

트럼펫 연주자는 벤에게 진짜 트럼펫을 건넵니다.

"자, 너에게 주는 멋진 선물이란다."

이보다 멋진 선물이 있을까요? 벤은 지금 받은 이 관심 덕분에 자기 자신에게 충실한 어른으로 자랄 것입니다.

히로가 판 구덩이가 더 큰 도전이 되고, 나만이가 만든 사다리로 더 멋진 집이 되고, 벤의 트럼펫 연주로 아름다운 음악회가 열리는 날을 상상합니다. 나도 아이들을 응원하고 꿈을 발견하게 도와주는 어른이고 싶습니다. 관심, 바로 이것이 어른들의 몫입니다. 우리 어른들이 세상의 수많은 '나만이'에게 건네줄 '멋진 선물' 하나쯤 준비해 두면 어떨까요?

함께 읽은 그림책

《**구덩이**》 다니카와 슌타로 글, 와다 마코토 그림, 김숙 옮김 | 북뱅크
《**벤의 트럼펫**》 레이첼 이사도라 글·그림, 이다희 옮김 | 비룡소

숲놀이 숲에서 나를 찾다

한 번만 더 하면 안 돼요?

아이들을 이끌고 섬진강 변 대나무 숲으로 들어갔습니다. 사사삭 댓잎 스치는 소리를 들으면서 목소리에 힘을 실어 물었지요.

"이게 뭔 줄 아는 사람?"

"톱이요!"

오늘은 아이들과 대나무로 타악기를 만들어 볼 참이어서 톱을 준비해 왔거든요.

"톱질해 본 사람?"

단 한 사람도 없었습니다. 톱은 편리한 도구이지만 위험하기도 하니 먼저 주의부터 주었습니다. 어떻게 했냐고요? 번쩍! 내가 휘두른 톱날에 대나무 가지 하나가 휘릭, 날렸습니다. 황야의 무사 같지는 않았겠지만 그래도 아이들 눈에는 대단해 보였을 겁니다.

"이걸 함부로 사용하면 어떻게 되겠느냐?"

"죽어요!"

"그래, 그러니까 진짜 조심해야 한다!"

나는 먼저 시범을 보였습니다. 쓱싹쓱싹, 키 큰 대나무가 잘리고 벌러덩 넘어졌습니다. 아이들이 나를 우러러보는 순간에 톱을 하나씩 나눠 주었지요. 어떤 아이는 무섭다고 하고, 어떤 아이는 처음 만져 본다며 감격스러워 했습니다.

마냥 신난 아이들이 대나무밭을 모조리 베어 낼까 싶어 한마디했지요.

"들고 갈 만큼만 잘라야 한다!"

"더 자르고 싶어요."

특히 무엇을 해도 몰입하는 걸 힘들어하는 산만이가 집중력을 발휘하였습니다. 간식 시간이 되었는데도, 대나무 톱질하기에 흠뻑 빠져 있었습니다.

"오산만! 간식 먹자!"

"한 번만, 한 번만 더 하고요."

오히려 산만이가 통사정을 해 대는 걸 들으며 생각합니다.

'그래, 이처럼 집중력이 하늘을 찌르는데 감히 누가 너에게 산만한 아이라고 한단 말이냐.'

어린이들이 산만한 것은 단지 집중력을 발휘할 곳을 발견하지 못했을 뿐이라는 것을 산만이가 몸으로 증명해 준 날이었습니다.

다 마치고는 대나무를 어깨에 들쳐 메거나 질질 끌면서, 도깨비마을 숲학교로 대이동을 했지요. 그런데 다들 스스로 성취해서 그런지 힘든 내색 없이 잘 끌고 왔습니다. 당연한 결과지만 산만이가 가장 길고 굵은 대나무를 짊어졌고요.

"산만아, 무거우면 버려도 돼!"

"괜찮아요. 다음에도 하고 싶어요."

숲에서 나를 찾다
그림책 읽기

따뜻한 시선으로 바라보기

어느 그림책 작가와의 만남이 있는 자리였습니다. 아이디어가 기발하고 유쾌한 책이었어요. 작품에 대한 설명이 끝나고 질문을 받는 시간이었습니다. 누군가 "어릴 때 어떤 어린이였나요?" 하고 묻자 작가는 이렇게 답하더군요.

"저는 호기심이 많아서 뭐든 손으로 다 만지고 열어 보고 들어가 보는 아이였어요. 어른들 눈에는 그저 말썽꾸러기였지만요. 그래서 구박도 많이 받았어요. 그런데 커서 그림책 작가가 되어 유명해지니까 '맞아. 너는 참 창의성이 뛰어난 아이였지! 어릴 때부터 남달랐어.'라고 하는 거예요."

모두 한바탕 웃었습니다. 아마 엄마들은 속으로 자기 아이를 생각했을 것입니다. 사람이면 누구나 가지고 있는 양면성은 어느 방향에서 바라보느냐에 따라 달리 보입니다. 말썽쟁이가 어느 날 갑자기 얌전한 아이가 되는 것은 아니지요. 보는 사람의 시각이 달라졌을 뿐입니다. 존 버닝햄의 그림책《에드와르도 세상에서 가장 못된 아이》도 그렇습니다.

물건을 발로 걷어차고, 시끄럽게 떠들고, 자기보다 어린아이들을 못살게 굴고, 방을 어지럽히는 에드와르도를 본 어른들은 심한 말을 합니다. '세상에서 가장 버릇없는 녀석, 시끄러운 녀석, 심술궂은 녀석, 뒤죽박죽인 녀석'이라고 말이지요. 이런 말을 들을수록 에드와르도는 나아지기는커녕 점점 더 심히게 변해 갑니다.

그러던 어느 날, 화분을 발로 찼는데 다행히 그 화분이 흙 위에 떨어집니다. 어떤 어른이 처음으로 다정하게 말을 건넵니다.

"에드와르도가 정원을 가꾸기 시작했구나. 정말 예쁘다. 다른 식물들도 좀 심어 보렴."

이번에는 동생을 밀쳤는데 마침 천장에서 전등이 떨어져 부서졌습니다.

"네가 알렉을 구해 줬구나. 정말 재빠르기도 하지. 네가 어린 동생들을 돌봐 주면 되겠다."

그때부터 에드와르도는 어린 동생들을 돌봐 줍니다. 장난꾸러기가 멋쟁이 친구로 변해 갑니다.

어른들은 당장 눈앞에 보이는 문제만 해결하면 모든 것이 정리될 거라 생각하지요. 그래서 자꾸 아이의 문제점만을 콕 집어서 지적합니다. 하지만 지적하면 할수록 다른 문제까지 넝쿨처럼 밖으로 드러나지요. 나아지기는커녕 강도는 점점 세지고 관계는 더욱 더 나빠질 뿐입니다. 장난꾸러기인 에드와르도가 스스로 변한 것이 아니라 어른들이 에드와르도의 행동을 보는 방식이 달라진 것입니다. 어른의 칭찬을 담은 말 한마디가 아이의 성장에 얼마나 큰 영향을 주는지 알 수 있는 그림책입니다.

시선의 전환에 대해 이야기하는 정진호 작가의 그림책 《벽》은 어느 방향에서 사물을 보는가에 따라서 전혀 다른 세계가 펼쳐질 수 있다는 것을 보여 줍니다.

한 남자가 있습니다. 벽에 있는 창문을 발견하고 그 안을 들여다보려고 다가갑니다. 반대편 벽에서 보면 이 남자는 창문 밖을 내다보고 있는 거예요. 볼록 모양의 벽도 반대편에서는 오목한 벽이에요. 안쪽에서는 오른쪽으로 걸어도 밖에서 보니 왼쪽으로 가고 있습니다. 멀리서 보니 조그만 창이 보입니다. 이 창도 다른 거리에서 보면 큰 창일 수도 있겠지요.

우리는 늘 한 면에서만 바라보고 쉬이 판단합니다. 시선을 바꾸면 또 다른 면이 있다는 것을 금세 알아챌 수 있는데도요. 작가의 말에 이런 메시지가 적혀 있습니다.

중요한 것은 모든 면들을 함께 볼 수 있는 따뜻한 시선입니다.

어떤 일에도 집중하지 않는 산만이를 어른들은 말썽쟁이로 여깁니다. 교실에서는 모든 아이들을 똑같이 가르치기 마련이지요. 다른 기질의 아이를 이해하기보다는 배제하기 쉬운 환경이기도 하고요. 이런 시선으로만 보면 산만이는 그저 말썽쟁이로만 보일 거예요.

재미가 없는 일에는 집중하지 않는 아이들을 '산만한 아이'라고 합

《벽》

니다. 간편하게 ADHD라고 진단하여 문제가 있는 아이로 인식하기도 하지요. 오히려 에드와르도에게 심한 말로 꾸짖는 어른들이 바로 나의 모습은 아닐지 되돌아봅니다.

간식을 먹는 것조차 미루고 대나무 자르기에 열중하는 산만이를 보고 있으면 에드와르도에게 하듯 '이 더러운 게으름뱅이'라는 말은 못할 것 같습니다. 누구나 다 타고난 본성이 있습니다. 그것이 상황에 맞게 잘 드러날 때 가장 조화로운 모습으로 보일 겁니다. 방향을 바꾸어서 이리도 보고 저리도 보는 따뜻한 시선을 가진 어른이 주위에 더 늘어난다

왼쪽으로 가고 있었어.

면 산만이 같은 아이들이 조금 더 행복해지겠지요. 아니, 결국 어른들이 행복해지는 길입니다.

함께 읽은 그림책

《에드와르도 세상에서 가장 못된 아이》 존 버닝햄 글·그림, 조세현 옮김 | 비룡소
《벽》 정진호 글·그림 | 비룡소

| 숲놀이 숲에서 나를 찾다 |

이파리 사이로 하늘을 봐요

해먹은 무척 낭만적으로 보이지요. 나무 사이에 매달아 놓고 그 안에서 책을 읽거나 낮잠을 자고 싶게 만들잖아요. 하지만 아이들에게 해먹은 누워서 낭만을 즐기는 곳만은 아닙니다. 그 안에 탄 채, 있는 힘껏 굴려서 하늘이 출렁거려야 제맛이라고 느낍니다. 때로는 번데기로 변신하는 마술 보자기가 되고, 여러 명이 함께 들어가면 완두콩이 되기도 합니다. 숲학교에는 다른 아이들과 비교할 수 없는 해먹의 여신이 있습니다. 바로 이파랑입니다.

파랑이는 해먹을 좋아합니다. 해먹에 안겨서 타는 게 아니라 해먹을 돌돌 말아서 외줄을 만들어 놓고는 그 위에 누워서 몸으로 균형을 잡습니다. 나도 그렇게 탈 수 있을까 싶어 시도해 봤지만, 중심 잡기도 힘들 뿐만 아니라 파랑이처럼 우아한 모습을 연출한다는 건 불가능했습니다. 해먹 외줄 타기는 파랑이가 가진 특별한 능력이었던 것이지요.

　　오늘도 파랑이는 해먹에 누워 있습니다. 너무 편해 보여서 나도 옆에 있는 빈 해먹에 누웠습니다.
　　"파랑아, 뭐가 보이냐?"

"하늘이요."

물어볼 필요도 없었지만 그냥 하늘이 아닙니다. '하!'라는 감탄사가 절로 나오는 하늘입니다. 나무 이파리 사이로 구름이 흘러갑니다. 땅을 딛고 서서 보는 하늘과는 완전히 다릅니다. 구름 위에 누워 있는 것처럼 하늘이 기웃거리는 느낌입니다. 몸이 천천히 유영을 하고, 파란 하늘과 햇볕을 투과한 이파리들이 연둣빛으로 반짝입니다. 햇빛이 그렇게 이쁠 수가 없습니다. 가만히 눈을 감아 봅니다. 흔들거림, 포근함, 번데기가 된 듯 아늑해지는 이곳이 바로 지상 낙원이구나. 지상 낙원이 어떠한지 아직 느껴 보지 못한 사람은 숲속 해먹에 누워서 하늘을 쳐다보다가 눈을 살며시 감아 보면 바로 알 수 있습니다.

시간이 점점 멀어집니다.

숲에서 나를 찾다 | 그림책 읽기

게으를 때 발견한 내 세상

언제인가 숲속에 있는 도서관으로 여행을 갔습니다. 밤이 되자 부엉이 우는 소리가 들렸습니다. 소리를 쫓아 밤하늘을 올려다보는 순간, 깜짝 놀랐습니다. 새까만 하늘보다 그 속에 총총거리는 하얀 별이 더 많이 보이는 거예요. 정말 '별이 쏟아진다.'는 표현 그대로였습니다. 함께 간 동화 작가가 누워서 별똥별을 보자고 했습니다. 우리는 평상에 누워 떨어지는 별똥별을 쳐다보았습니다. 반짝반짝 별 이불을 덮은 느낌이 들었습니다. 별이 몸으로 쏟아져 내리는 것만 같았어요. 야속하게도 별똥별이 떨어지는 순간, 소리를 지르느라 소원을 빌지는 못 했지만 말이에요.

해먹에 누워 하늘을 바라보는 파랑이의 모습에서 그날의 기억이 났습니다. 해먹에 누워 하늘을 보는 느낌은 어떨까요? 밤하늘과 다르게 구름이 흘러가고, 바람이 지나가는 길과 나뭇잎 사이로 햇살이 쏟아지는 것도 보이겠지요. 이처럼 평소에 보지 못했던 것을 보는 즐거움은 상상 이상의 선물입니다.

　폴란드 작가 우르슐라 팔루신스카의 그림책 《게으를 때 보이는 세상》은 아무것도 하지 않고 누워 있을 때 다시 말하면 게으름을 피울 때 보이는 세상에 대한 이야기입니다. 한 여자아이가 가까이 있는 사람들을 관찰하면서 진행되는 이 이야기는 누워서 위를 올려다보았을 때 보이는 세상을 표현한 그림책입니다. 삼촌은 누워서 얼굴에 신문을 덮고 있어요. 얼굴을 덮고 있는 신문을 통하여 새로운 세상이 보입니다. 저녁을 준비한다던 이모는 나무 밑 벤치에 누워 있어요. 이모가 올려다본 나무 끝과 밤하늘은 마치 빛 그림 한 편 같습니다. 에밀리아는 동생을 돌본다더니 모자를 얼굴에 쓴 채 누워 있어요. 그림책을 한 장 넘기니 모자 구멍 사이로 보이는 세상이 그려져 있습니다. 신문을 읽지 않고, 저녁밥을 짓지 않고, 동생을 돌보지 않고 얻어 낸 세상입니다. 모두 하려던 것을 하지 않고 만난 세상, 즉 게으를 때만 볼 수 있는 풍경입니다. 별것 없을 거라고 생각하겠지만 그들의 시선으로 본 세상은 새로운 것을 넘어서서 놀랍기까지 합니다. 게다가 너무나 평화로워 보입니다.

　아이에게는 할 일을 하지 않는 사람들로 보였지만 그들은 다른 사람들에게는 보이지 않는 세상을 만나고 있었던 거지요. 파랑이가 해먹에 누워서 본 하늘이 그랬을 겁니다. 파랑이가 본 하늘은 우리가 선 채 고개를 쳐들고 본 하늘과는 다릅니다. 하늘은 매번 바뀌고 구름도 늘 움직입니다. 새도 날아오고 바람도 불겠지요. 지난번에 만난 하늘과 오늘 만난 하늘은 분명 다른 풍경을 보여 주었을 겁니다. 그래서 파랑이는 오늘도 해먹에 누워 하늘을 올려다봅니다. 이것은 파랑이만이 가질 수 있는 세상이니까요. 혼자서 발견한 세상입니다.

《지난 여름》

　요즘 아이들은 너무 바쁩니다. 배워야 할 것도 많고 해야 할 것도 많습니다. 좀처럼 게으름을 피울 시간이 주어지지 않습니다. 텅 빈 시간이, 게으를 수 있는 시간이 있다는 게 얼마나 다행인지 모릅니다. 그리고 텅 빈 시간을 보낼 수 있는 자연이 아직도 우리 곁에 있다는 것은 큰

행운입니다. 도시를 벗어나 시골 할머니 집에 간 소년이 만난 여름 이야기가 있습니다. 소년이 시골에서 만난 기억과 그리움을 그린 글 없는 그림책 《지난 여름》입니다.

어른들이 인사를 나누는 동안 소년은 창밖에 펼쳐진 숲을 바라봅니다. 마치 무엇인가에 끌려가듯 소년은 오솔길을 따라 숲으로 들어갑니다. 세월을 한껏 품고 자란 높다란 나무로 가득 찬 숲은 소년의 발길을 멈추게 합니다. 자연이 주는 커다란 힘이지요. 그러다 갑자기 환해진 빛 너머로 넓은 호수를 발견합니다. 호수로 첨벙 뛰어든 소년은 호수 아래에 사는 물풀과 물고기를 만나지요. 헤엄치는 소년의 모습이 춤추듯 자유로워 보입니다. 그러다 물풀 속에서 쏙 고개를 내민 물고기와 눈이 마주칩니다. 처음 만나는 생명과의 눈 맞춤에 소년은 설렙니다. 일상에서는 느낄 수 없는 존재와의 만남입니다. 오히려 약속하지 않았기에 만날 수 있는 풍경입니다. 이 경이로움은 준비되지 않은 시간이었기에 더 새롭습니다. 어느 누구의 간섭이나 어떤 규칙도 없이 오로지 자신에게 집중했기에 얻은 것이지요.

물 밖으로 나온 소년은 해거름이 지는 들길을 천천히 걸어 할머니 집으로 돌아옵니다. 식구들과 단란한 저녁 식사를 마친 소년은 밤하늘이 부르는 소리에 밖으로 나갑니다. 고개를 한껏 뒤로 젖히고 올려다본 하늘에는 별들의 잔치가 벌어지고 있습니다. 별들이 얼굴로 쏟아져 내립니다. 책장을 덮고 나니 마치 작가의 지난 여름을 함께 여행한 기분입니다. 글자가 없어 더욱더 그림에 집중할 수 있고, 소년의 기분을 충실히 따라갈 수 있었습니다.

작가가 그리워하는 지난 여름은 일상생활에서 벗어나 자연과 만난 신비로운 세상이었습니다. 텅 빈 시간이 주는 선물이었습니다. 파랑이가 해먹에 누웠을 때 바라본 파란 하늘도 그러했겠지요. 천천히 그림책 속의 그림만 따라가도 온몸의 감각이 열립니다. 귀로는 소리가 들리고, 피부로는 물의 차가움이 느껴지고, 눈으로는 새로운 것을 발견합니다. 그 발견은 시간이 흘러 그리움이 되고, 그 그리움은 또 다른 새로움을 만날 호기심으로 바뀌어 가겠지요. 우리 아이들에게도 게을러서 만날 수 있는 시간이 많아지면 좋겠습니다.

함께 읽은 그림책

《**게으를 때 보이는 세상**》 우르슐라 팔루신스카 글·그림, 이지원 옮김 | 비룡소
《**지난 여름**》 김지현 글·그림 | 웅진주니어

숲놀이 | 숲에게 위로를 받다

솔방울 전화를 걸어요

오늘은 아이들과 솔방울도 줍고 전화기도 만들어 볼 참입니다. 어젯밤에 바람이 꽤 불었으니까요. 과연 옴팡진 곳에 솔방울이 수북이 쌓여 있습니다. 잘생긴 솔방울 두 개를 골라 나뭇가지 양쪽에 끼우면 멋진 전화기 모양이 되지요. 솔방울 전화기를 보여 주자마자 아이들은 모두 자기만의 전화기를 만드느라 바빠졌습니다.

"여보세요."
"엄마예요?"
"선생님 좀 바꿔 주세요."

엄마한테도 선생님한테도 친구들한테도 전화가 빗발치지요. 물론 쭈뼛쭈뼛하느라 놀이에 끼지 못하는 아이들도 있습니다. 임소심도 솔방울 전화기를 만들기는 했지만 만지작거릴 뿐입니다. 나는 과감하게 소심이한테 전화를 걸었습니다.

"소심이네 집이에요?"

전화기에는 별 신경도 안 쓰는 것처럼 행동하더니 내가 전화를 걸자 슬그머니 솔방울 전화기를 듭니다. 그럼 성공한 거지요. 아무 일도 없는 척 다시 부릅니다.

"여보세요, 거기 소심이 있어요?"

"네."

엉거주춤 대답을 합니다.

"지금 뭐하고 놀아요?"

"……."

나는 머뭇대며 말을 잇지 못하는 소심이한테 말 걸기를 그만두고, 아무 일도 없었다는 듯 다른 친구들하고 전화 놀이를 계속합니다.

"어? 호기한데 전화가 올 때가 되었는데?"

성격이 활달한 아이들은 솔방울 전화기만 가지고도 잘 소통합니다. 물론 첫 전화는 가장 소중한 사람에게 걸어 이야기를 나누었을 겁니다. 전화기를 들면 소중한 사람이 떠오르니까요. 전화 놀이를 마친 뒤에 만나는 솔방울은 이제 예전의 솔방울이 아닙니다. 누군가를 불러 보고 싶어지는 솔방울이 되었을 겁니다.

저만치에 있던 소심이도 눈치를 보다가 가만히 불러 봅니다.

"엄마!"

소심이는 간식 가방에다 솔방울을 가득 주워 담았습니다. 솔방울만큼 하고 싶은 이야기도 많은가 봅니다. 아니면 그리움이 쌓인 만큼 솔방울 전화기를 만들 모양입니다.

숲에게 위로를 받다 / 그림책 읽기

부르고 싶은 이름, 엄마

봄꽃이 흐드러지게 피는 계절입니다. 산수유와 개나리가 피고 벚꽃이 사람들 마음을 흔들어 놓고 나면, 꽃비 내린 그 자리에 이팝 꽃이 레이스 뭉치처럼 하늘거립니다. 문득 꽃을 유난히도 좋아했던 '엄마' 생각이 납니다. 봄이면 엄마가 더욱 그립습니다. 아직 휴대폰에는 엄마의 전화번호가 그대로 저장되어 있습니다. 솔방울 전화기로 아이들이 부르는 엄마를 저도 가만히 불러 봅니다.

"엄마!"

내가 그렇게 불렀던 엄마를, 지금은 내 아이들이 시도 때도 없이 나를 '엄마'라고 불러 댑니다. 귀에 딱지가 생길 것 같습니다. 그림책《엄마가 안아 줘!》를 보면 우리 아이가 저 속에 들어간 것은 아닌가 싶어 웃음이 납니다.

먹을 게 없을 때에도, 빨간 운동화가 없어졌을 때에도, 심심할 때에

《엄마가 안아 줘!》

도, 아프고 무서운 꿈을 꾸었을 때에도 아이들은 엄마를 부릅니다. 심지어 큰 소리로 아빠를 불러 놓고는 "엄마 어딨어?" 하고 물어봅니다. 이처럼 부르고 불러도 또 부르게 되는 이름이 엄마이지요. 그러니 모두들 솔방울 전화기를 귀에 대자마자 연신 '엄마'를 불렀겠지요. 불러서 대답을 해 주지 않아도 부르는 것만으로도 행복해지는 말이 '엄마'입니다.

이렇게 부르고 또 부르는 엄마는 늘 기다리는 존재이기도 합니다. 특히 아이들은 어린이집 하원 시간이 가까워 오면 하루 종일 눌러 놓았던 기다림이 쑥 올라옵니다. 친구 엄마들이 마중을 올 때면 그 속에서 내 엄마를 찾습니다. 꼭 올 거라 믿지만 시간이 늦어지면 불안해집니다. 어쩌다 마지막까지 남게 되면, 아이들은 그 불안함을 상상의 힘으로 견

《엄마가 오는 길》

딜지도 모릅니다. 그림책 《엄마가 오는 길》의 연이처럼요. 어쩌면 전철이 고장 났거나, 어떤 케이크를 살까 망설이다, 풍선을 사느라 늦는 건지도 모른다고요. 금방이라도 울음이 터질 것 같지만 엄마가 열심히 연이를 향해 오고 있을 거라고 굳게 믿습니다.

하지만 아이들의 바람대로 제시간에 갈 수 없는 엄마들도 많습니다. 그림책 《엄마 왜 안 와》는 엄마가 빨리 집으로 가지 못하는 이유를 재치 있게 그려 놓았습니다. 노을이 질 무렵, "엄마, 언제 와?"라는 아이의 물음으로 이야기는 시작합니다. 사무실 시계는 7시 30분을 가리키고, 엄마는 아직도 회사 책상 앞에 앉아 일을 합니다. 엄마는 늦는 까닭을 아이가 이해할 만한 상황으로 바꾸어 말해 줍니다. 자꾸 토하는 코끼리를 만나고, 길 잃은 동물 친구들을 만나고, 잠 안 자고 울어 대는 새들과 화가 난 꽥꽥이 오리 때문에 늦는다고요. 늦은 밤 전철을 타고, 슈퍼에서 장을 보고, 육상 선수처럼 달려온 엄마는 그제야 자신을 한없이 기다려 준 아이를 품에 안습니다. 언제나처럼 아이들은 늘 엄마를 기다립니다. 늘 보고 싶어 합니다. 하지만 서둘러 아이의 품으로 달려가고 싶은데 그렇게 못하는 엄마들도 있습니다.

엄마가 꼭 올 거라는 소망이 간절한 기도가 된 아이들도 있지요. 소심이도 그럴지 몰라요. 하지만 불렀을 때 대답해 줄 수 있고, 기다릴 때 나타날 수 있으면 좋으련만 불러도, 기다려도 오지 않는 사람들도 있습니다.

다시 전화기 이야기로 돌아와 볼까요? 일본 아와테 현에 살고 있는 정원 디자이너 사사키 이타루佐々木格는 집 정원에다 〈바람의 전화박스〉를 마련했습니다. 실제로 전화선은 연결되어 있지 않지만 전화박스에 들어가 그리운 사람에게 마음으로 전화를 거는 곳입니다. 그 전화기 옆에는 이렇게 적혀 있습니다.

> 바람의 전화는 마음으로 이야기합니다.
> 조용히 눈을 감고 귀를 기울여 주세요.
> 바람 소리, 파도 소리 혹은 작은 새의 지저귐이 들려오면
> 당신의 마음을 전하세요.

이 전화박스는 동일본 대지진 때 사랑하는 사람을 잃은 이들을 위해 만든 것입니다. 갑자기 이별을 맞이한 사람들이나 마음속 이야기를 다

전하지 못한 채 헤어진 사람들을 위한 공간이지요. 사람들은 바람이 그 마음을 전해 줄 것이라 믿으며 수화기를 들고 상대를 불러 보겠지요. 전화박스 안에서 그리움을 마음껏 쏟아 내겠지요.

솔방울 전화기를 들고 바람의 전화박스로 들어가는 소심이를 상상해 봅니다. 소심이가 부르는 그 누군가가 바람 소리를 통해 꼭 대답을 해 주기를 바라봅니다. 오늘도 숲속에는 엄마를 부르는 많은 소리들이 메아리칩니다.

"엄마, 엄마!"

불러 놓고는 코끝이 찡해지는 녀석도 있었겠지요. 아무렇지도 않은 척 소리를 빽빽 질러 댔지만 분명 그리움에 마음이 출렁대는 녀석도 있었을 겁니다.

숲에 가면 쉽게 만나는 솔방울입니다. 나도 솔방울 전화기로 전화를 걸어 봅니다. 그리고 가만히 불러 봅니다.

"엄마!"

함께 읽은 그림책

《엄마가 안아 줘!》 솔다드 브라비 글·그림, 김현아 옮김 | 한울림어린이
《엄마가 오는 길》 모토시타 이즈미 글, 오카다 치아키 그림, 김소연 옮김 | 천개의바람
《엄마 왜 안 와》 고정순 글·그림 | 웅진주니어

◆ 숲놀이 ◆ 숲에게 위로를 받다

개구리 무덤을 만들어요

비가 내립니다. 우리는 비옷을 입고 이리저리 기웃거리다가 불어난 계곡물을 구경합니다. 비가 내리면 상상하지 못할 만큼 계곡물이 불어나기도 하거든요. 그런데 물가에서 죽은 개구리를 발견했습니다. 나는 생명에 대한 이야기를 나눌 기회라고 생각했지요.

"애들아, 우리 개구리 무덤 만들어 주자!"

그런데 아이들 생각이 저랑 같겠습니까. 단박에 어긋나고 말았지요.

"던져 버려요."

"으, 더러워요!"

그럴 수도 있다고 생각합니다. 나도 조금은 더럽다고 느꼈으니까요. 그래도 미련을 버리지 못하고 삽 위에다 개구리를 올려 들고 아이들과 숲으로 들어갔습니다.

"어디에다 무덤을 만들까?"

아이들은 내 말에 별로 신경을 쓰지 않았습니다. 저희들끼리 밤도 줍고, 물장난도 치고, 나무에 올라가기도 하면서 놀았습니다. 그래서 스스로 위로를 했지요. '그래, 숲에 이렇게 재밌는 일이 많은데, 개구리 무덤 따위가 눈에 들어오겠어? 내가 욕심이 과했지!' 이 개구리를 어떻게 할까, 뻘쭘하게 서 있는데 수인이가 다가옵니다.

"촌장님, 제가 개구리 묻어 줄게요."

지성이면 감천이구나 생각하며 얼른 삽을 넘겨 주었지요. 그리고 수인이가 하는 대로 가만히 두었습니다. 수인이는 먼저 땅을 판 다음에 개구리를 삽으로 끌어당기다가, 제 맘대로 되지를 않자 개구리 뒷다리를 손으로 들어 구덩이에 넣었습니다. 삽을 이용해 개구리를 계속 끌어당겼으면 개구리 몸이 상했을지도 모르겠습니다. 그래도 죽은 개구리를 손으로 잡는다는 건 좀 징그럽다는 생각이 드는데, 아마 수인이도 그랬겠지요? 개구리를 묻어 준 수인이는 죽은 개구리가 또 있다며 나를 그쪽으로 데리고 갔습니다. 수인이는 그때 죽음이란 것을 생각했을까요? 수인이한테 따로 물어보지는 않았습니다. 수인이도 별말 없이 다시 개구리 무덤을 만들었고 나는 그저 옆에서 지켜보았습니다.

    오늘은 비 내린 날. 나는 수인이가 개구리 무덤을 만들어 줘서 자존심을 지킨 날이었고, 수인이는 생명의 소중함을 체험으로 배운 날이었겠지요.

숲에게 위로를 받다 | 그림책 읽기

잘 맞이하고, 잘 보내기

생명의 탄생에 대한 이야기와는 달리 죽음에 대한 이야기는 어린이에게 보여 주기를 꺼리는 어른이 있습니다. 어린이에게 밝고 희망적인 것만 보여 주어야 한다는 편협한 배려 때문이지요. 생명의 소중함을 아는 것은 생명의 시간을 이해하는 것과 같습니다. 생명이란 시작과 끝이 있고, 그 사이를 살아가는 일이니까요. 사람에게 생명이 있듯이 새에게도, 꽃에게도 있습니다. 적지 않은 사람들이 주변 사람의 죽음은 안타깝고 귀하게 여기면서 우리보다 작은 생명의 죽음은 대수롭지 않게 생각합니다. 사람의 생명이 귀하고 존중받아야 한다면 먹이 사슬 속에 존재하는 모든 생물도 그와 같은 무게로 존중받아야겠지요.

우리가 얼마나 많은 생명의 도움을 받으며 함께 살아가는지 피부로 느낄 수 있는 곳이 바로 숲입니다. 숲에 많은 생명이 산다는 것은 많은 죽음이 존재한다는 말과도 같지요. 숲을 걷다 보면 여러 죽음과 마주하게 됩니다. 흔히 볼 수 있는 것은 수명을 다하고 죽은 곤충의 잔해입니다. 죽은 잠자리를 개미가 먹이로 거두어 가는 장면을 장례 의식에 비유한 《쨍아》라는 시 그림책이 있습니다.

쨍아는 잠자리의 사투리입니다. 파란 하늘을 자유롭게 날아다니던 쨍아가 어느덧 수명이 다해 과꽃 아래에서 숨을 거둡니다. 죽은 잠자리 곁으로 개미들이 모여듭니다. 개미가 죽은 잠자리를 뜯어 가는 장면이 한 조각 한 조각 소중한 의식을 치르는 것처럼 보입니다. 딸랑딸랑 딸랑딸랑 개미가 잠자리 장례식을 치러 줍니다. 개미들로 인해 쨍아는 아름다운 점이 됩니다. 흩어졌다 다시 모이는 점은 아름다운 꽃으로 피어납니다. 마치 생명이 다시 시작되는 순간을 보는 듯합니다.

수인이가 개구리를 묻어 주는 모습을 머릿속으로 그려 보다 《쨍아》가 떠올랐습니다. 수인이가 뜨는 삽의 움직임이 흩어졌다 모이는 개미들의 장례 행렬과 겹쳐 보입니다. 다른 생명이 되기 위해 맞이하는 통과 의례, 엄숙한 개구리의 시간을 도와주는 수인이의 귀한 손길이 잔잔하게 다가왔습니다. 개구리 무덤을 만들던 수인이의 마음은 잠시 다른 세상에 가 있었을지도 모릅니다. 혼자만의 경건한 의식을 치르고 있었을지도요.

잘 보낸다는 것은 잘 맞이하는 것만큼 소중한 일입니다. 이것은 곧 생명 존중과도 연결되는 일이니까요. 1938년에 쓰였는데도 시처럼 깔끔한 마거릿 와이즈 브라운의 글에 크리스티안 로빈슨이 그림을 입힌 《잘 가, 작은 새 : 세상에서 가장 아름다운 장례식》에는 작은 새를 떠나보내는 아이들의 따뜻한 마음이 잘 나타나 있습니다.

아이들은 공원에서 죽은 새 한 마리를 발견합니다. 몸은 아직 따뜻하

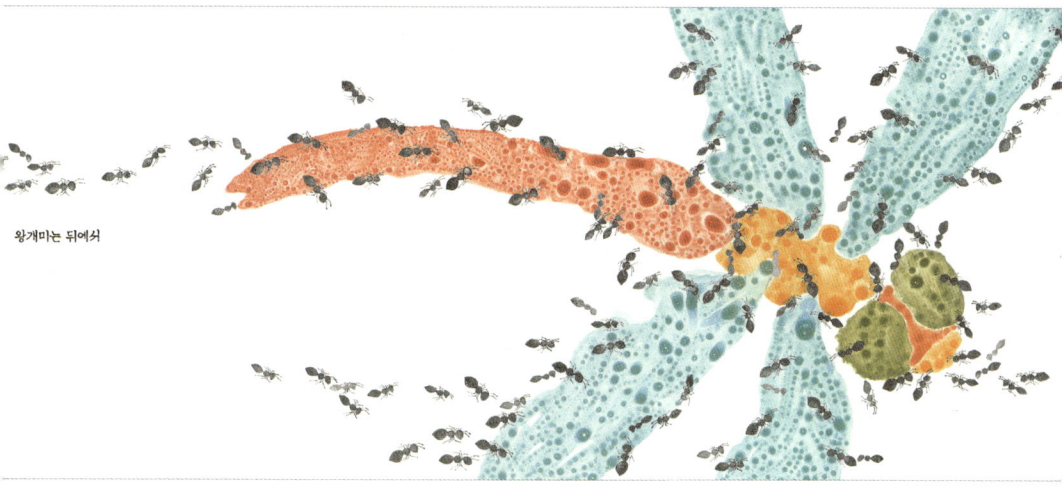

왕개미는 뒤에서

《쨍아》

지만 새는 더 이상 숨을 쉬지 않습니다. 점점 몸이 차가워지는 것을 느낀 아이들은 다시는 날 수 없는 새를 위해 무덤을 만듭니다. 누군가 죽었을 때 어른들이 장례식을 치르던 것을 기억해 냅니다. 햇살에 따뜻해진 풀고사리 잎을 깔아 준 다음, 포도나무 잎으로 새의 몸을 감싸 누이고, 다시 풀고사리 잎으로 덮어 줍니다. 마지막으로 무덤 위에 흰제비꽃과 노란 들꽃을 올려놓은 아이들은 손을 맞잡고 둘러서서 노래를 부릅니다.

잘 가, 작은 새야
저 하늘의 새들처럼
멀리 날 수는 없지만
우리가 노래 불러 줄게.

《잘 가, 작은 새 : 세상에서 가장 아름다운 장례식》

    새의 마지막 자리를 마련하는 숲속의 풍경이 많은 생각을 하게 합니다. 여우 가면을 쓴 아이는 나뭇가지를 주워 오고, 새의 무덤을 만들기 위해 땅을 파는 아이를 돕는 개의 모습도 보입니다. 높은 나뭇가지에서 이 모습을 내려다보는 새들도 있습니다. 사람과 동물 사이의 경계가 전혀 느껴지지 않는, 생명에 대한 배려의 기운이 감돕니다. 아이들은 마지막으로 꽃 무덤 위에 돌 하나를 세웁니다.

작은 새 여기 영원히 잠들다

작은 새는 아이들이 부르는 노래와 함께 가슴속에 영원히 살아 있을 것입니다. 개구리 무덤을 만들어 준 수인이의 마음에도 노래가 깃들었 겠지요. 아니면 이미 수인이의 마음속에 죽음을 남다르게 받아들일 사연이 있는 걸까요? 수인이뿐만 아니라 개구리의 죽음을 외면해 버린 아이의 마음속에도 두려움이나 아픔이 들어앉아 있을지도 모릅니다. 이 세상 아이들에게 죽음은 이 그림책의 마지막 장면처럼 정중하고 평화로운 순간으로 기억되면 좋겠습니다. 일상에서 만나는 이별을 요란스럽지 않게 맞이하고, 한 생명의 수고로움에 감사의 마음을 듬뿍 담아서 보낼 수 있다면 좋겠습니다. 죽음도 삶도 생명 안에 함께 깃들어 있어 모두 소중하니까요.

함께 읽은 그림책

《쨍아》 천정철 시, 이광익 그림 | 창비
《잘 가, 작은 새 : 세상에서 가장 아름다운 장례식》 마거릿 와이즈 브라운 글, 크리스티안 로빈슨 그림, 이정훈 옮김 | 북뱅크

| 숲놀이 | 숲에게 위로를 받다

새는 어느 둥지에 들까요?

 도깨비마을 숲에는 딱새나 박새가 많습니다. 녀석들은 사람이 사는 곳 가까이에서 번식하는 습성이 있으니, 새집만 만들어 주면 둥지로 삼 겠지요. 오늘은 아이들과 새집을 만들기로 했습니다.
 아이들에게 판자와 못, 톱과 망치를 나눠 주었습니다. 아이들은 받자 마자 집중력을 발휘합니다. 하지만 톱질이 쉽던가요? 망치질은 또 어떻 고요. 못이란 게 세게 내리치면 비뚤어지고 천천히 치면 잘 박히질 않지 요. 혼자서 톱질과 망치질을 하다가 스스로 노하우를 터득해 나갑니다. 힘을 합해야 쉬워진다는 것을 말이지요. 서로 빙 둘러앉아서 잡아 주는 사람, 톱질하는 사람, 망치질하는 사람으로 분업이 시작되었는데요, 실 력 발휘를 못 하면 가차 없이 사람이 바뀌었습니다.
 "아얏!"
 "이리 줘 봐, 내가 해 볼게."

 비명 소리와 함께 망치질하는 사람이 바뀌어 갑니다. 물론 못을 비뚤게 박는 사람도 어김없이 바뀌지요. 비뚤어진 못을 뺐다 박았다 하는 사이에 망치질이 조금씩 익숙해지면서 새집도 모양을 갖추어 갔습니다.

못이 온전히 박힌 것은 별로 없었지만요. 그런데 그냥 만들면 재미가 없잖아요. 누가 누가 잘하나 게임이 시작되었습니다. 두 팀이 뽑혔고 각자 어떤 생각으로 새집을 만들었는지 발표하였습니다.

"우리가 만든 새집은 집 아래에 발판을 붙여 놨어요. 어미가 아기 새한테 밥을 편하게 주게 하려고요. 또 비가 내릴 때 새들이 비를 맞지 않게 하려고 지붕을 길게 만들었습니다."

"우리 팀은 지붕에다 꽃을 꽂아 놓았어요. 새들이 돌아올 때 멋진 집으로 들어올 수 있도록 한 것입니다."

손을 들어 투표했는데 첫 번째 팀이 월등하게 많은 지지를 받았습니다. 아이들 생각에는 집을 예쁘게 짓는 것보다 어떤 마음으로 지었는지가 더 중요했던 것입니다. 못질이 무척이나 어설픈 새집이 우승을 한 것을 보면 말이지요. 아이들은 겉만 번지르르하다고 훌륭한 집이 아니라는 걸 직감적으로 알고 있었던 것입니다.

다음번에는 오늘 만든 새집을 나무에 달아야겠습니다. 실입주자인 새가 어떤 집을 선택하는지가 더 중요할 테니까요. 진짜 우승자는 새가 직접 뽑겠지요.

"새는 우리가 만든 집에 먼저 들어갈 거야!"

2등을 한 팀이 아직도 억울한가 봅니다.

숲에게 위로를 받다
그림책 읽기

집은 추억을 담는 곳

아기 토끼가 길을 떠납니다. 돼지가 어디를 가냐고 물어도, 아무런 대답도 없이 묵묵히 걸어갑니다. 황소 곁을 지나고 다섯 마리 양이 있는 곳을 지날 때에도 걸음을 멈추지 않습니다. 기찻길을 건너고, 울타리를 지나도 멈추지 않습니다. 왜냐하면 꼭 가야 할 곳이 있으니까요. 밤이 되어 잠시 쉬고 있을 때, 한 여자아이가 다가와 묻습니다. "머물 곳이 없니? 집이 없는 거야?" 여자아이의 애완동물이 되고 싶지 않은 토끼는 숲을 지나고 넓은 들판을 가로질러 계속 걸어갑니다. 쉬어 가라는 주위 동물들의 말은 듣지도 않은 채 앞만 보고 달려가는 토끼의 모습을 쫓으면서 꼭 가야 할 곳이 어디일까 궁금했습니다.

여기야, 내가 찾던 곳이 바로 여기야.
자 봐, 나도 집이 있다니까.

《토끼야, 토끼야》

아기 토끼가 먼 길을 쉬지 않고 달려간 곳은 바로 가족이 기다리고 있는 집이었습니다. 온 들판을 가득 메운 토끼 가족이 두 팔 벌려 아기 토끼를 반겨 줍니다. 가슴이 먹먹해질 정도로 따뜻한 풍경입니다. 아기 토끼에게는 편안히 머물 집이 있었던 거지요. 집은 다름 아닌 나의 사랑하는 가족이 있는, 세상에 하나뿐인 정겹고 따스한 공간이지요. 아기 토끼가 허겁지겁 달려온 이유를 백 번, 천 번도 알 수 있습니다. 바로 우리 집이잖아요.

긴 출장이나 여행을 마치고 집으로 돌아오는 길에 익숙한 풍경을 바라보는 내 모습이 꼭 토끼 같습니다. 얼른 가서 흰밥 고슬고슬 지어서 아이들이랑 먹어야지 하고 생각했던 그 순간이 여행의 기쁨에 비길 수 없을 만큼 행복했습니다. 아이들이 만든 새집도 그랬을 겁니다. 어미 새와 아기 새가 함께 있는 모습을 상상하며 만들었을 겁니다. 집에서 엄마

《할아버지의 바닷속 집》

와 함께 지내는 행복을 새에게도 주고 싶었나 봅니다. 아이들은 가족이 모두 옹기종기 둘러앉아 밥을 먹던 단란한 한때를 떠올리며 망치질을 했을 겁니다. 그 손길이 얼마나 신바람 나고 행복했을까요?

애니메이션으로도 유명한 그림책 《할아버지의 바닷속 집》은 집에 대한 진정한 의미를 이야기합니다. 바다 위에 쌓아 올린 낡은 집에 한 할아버지가 살고 있습니다. 바닷물이 점점 차올라 살던 집이 물에 잠기면, 마을 사람들은 잠긴 집 위에 또 새로 집을 짓습니다. 그러다 계속 차오르는 바닷물에 지쳐서 모두 이사를 가 버립니다. 하지만 할아버지는 그대로 남은 채 물에 잠겨 가는 집 위에 새로운 집을 계속 지어 올립니다. 새 집을 짓던 어느 날, 할아버지는 톱과 망치를 바닷속으로 떨어뜨리는 실수를 합니다. 톱과 망치를 주우러 바다 깊이 내려간 할아버지는 내려갈 때마다 추억이 깃든 옛날 집들과 하나씩 만납니다. 아픈 할머니를 마지막으로 보냈던 어느 봄날의 집, 손자들과 축제 구경을 했던 집, 맏딸을 결혼시켰던 집, 처음 할머니와 함께 지었던 두 사람의 집이 나무 상자처럼 쌓여 있습니다. 겹겹이 쌓인 집만큼 가족들과의 추억도 차곡차곡 쌓여 있습니다. 집은 이렇게 추억을 담는 곳입니다. 할아버지는 추억의 공간 위에 또 새로운 집을 완성하였습니다.

새에게 어떤 집을 지어 줄까, 고민하는 아이들은 내가 살던 집, 우리 가족이 살고 싶은 집을 떠올렸겠지요. 아기 새에게 먹이를 주기 편하도록 엄마 새가 디딜 발판을 만든 아이들의 마음이 참 예쁩니다. 해질녘까지 뛰어놀다 밥 먹으라는 소리에 집으로 돌아가던 어릴 적의 모습을 떠올리니 마음이 따뜻해집니다. 집은 이렇게 모두에게 돌아갈 곳이고,

밥이 기다리는 곳이고, 사람의 이야기 소리가 흘러나오는 곳이어야 합니다.

집, 누구에게나 이렇게 따뜻한 기억으로 떠오르면 좋겠지만, 무언가 채워지지 않는 집도 많습니다. 어쩌면 돌아갈 집이 없고, 가족이 없는 아이들의 마음은 어떨까 헤아려 봅니다. 아이들이 새들의 마음을 헤아려 새집을 지었듯 결핍이 있는 아이들의 마음을 헤아리는 것은 우리 어른들의 몫이라는 생각이 들었습니다.

그나저나 새집 짓기의 진짜 승자는 누가 되었을까요? 산새가 과연 어느 집을 선택했을지 알아봐야겠습니다.

함께 읽은 그림책

《**토끼야, 토끼야**》 피터 매카티 글·그림, 지혜연 옮김 | 시공주니어
《**할아버지의 바닷속 집**》 히라타 겐야 글, 가토 구니오 그림, 김인호 옮김 | 바다어린이

숲놀이 숲에게 위로를 받다

귀 기울여 주세요

9월은 곤충이 꽤 많은 계절입니다. 어린이들이 가장 관심을 갖는 곤충은 메뚜기입니다. 잡힐 듯 잡히지 않는 메뚜기를 있는 힘을 다해 뒤쫓습니다. 더욱이 오늘 온 어린이들은 숲놀이에 처음 참여했기 때문에 몹시 들떠 있었습니다. 어린이들의 함성이 골짜기를 가득 채웠지요. 나는 줄그네를 지키고 서 있는데 메뚜기를 잡기 위해 앞뒤 없이 그네로 뛰어드는 아이가 있었습니다. 그대로 두면 그네와 부딪힐 것 같아서 일단 목덜미를 잡아챘지요. 몸이 자그마하고 3학년 정도로 보이는 남자아이였는데요, 무서운 눈으로 나를 째려봤습니다.

"왜?"

내 질문에 어이없는 말이 날아들었습니다.

"어른이 어린이를 때리면 안 되잖아요."

"때린 거 아닌데?"

"목을 때렸잖아요."

한동안 할 말을 잃었습니다. 어린이가 쓰는 말투가 아니었거든요. 마음을 수습하고 차분하게 말을 이었습니다.

"여기 봐 봐. 내가 너를 안 잡았으면 그네하고 부딪쳤잖아."

"어른이 어린이를 때리면 안 되잖아요."

막무가내로 덤벼드는 탓에 차분하게 말해 볼 수가 없었습니다. 내가 자꾸 변명을 하는 것 같아 억울하기도 했고요. 더 이상 어찌 할 수 없어 그냥 두었습니다. 이런 상황이 되면 1회성 숲놀이의 한계를 떠올리게 됩니다.

점심을 먹고 계곡에서 대나무 물총을 만들어 물놀이를 시작했습니다. 그런데 이 녀석이 자꾸 나에게 말을 걸더니, 물총을 쏘기도 합니다. 사실 나는 뒤끝이 있는 성격인지라 녀석을 피해 다녔는데, 쳇! 어느새 마음이 풀려서 그 아이와 놀고 있었습니다. 아이의 말투도 다시 어린이로 돌아와 있었고요.

그 아이가 돌아갔는데도, 하루 종일 왜 내 마음속에 서성대고 있을까요. 문득 나한테 하고 싶은 말이 있었구나 싶었습니다. 그 아이는 오랜만에 자신의 말이나 행동에 대꾸라도 해 준 사람을 만난 것인지도 모르겠네요. 아니면 자기한테 져 준 어른을 오랜만에 만난 것인지도요.

아이의 말을 다시 떠올려 봅니다.

"어른이 어린이를 때리면 안 되잖아요."

숲에게 위로를 받다 | 그림책 읽기

포용이 낳는 믿음

그림책테라피로 나를 이끌어 준 그림책이 있습니다. 바로 숀 탠의 《빨간 나무》입니다. 온갖 문제는 날로 깊어지고, 그 어떤 말로도 주변이 이해되지 않을 때였어요. 그때 우연히 펼쳐 든 《빨간 나무》에서 '세상이 귀머거리 기계'라는 구절을 만났습니다. 나만큼 힘든 시간을 통과하는 사람이 이 세상에 또 있구나! 싶었어요. 나와 같은 처지를 발견한 것만으로도 위안이 되었습니다. 세상을 살아가기 위해서는 지혜도, 용기도 필요하지만 공감도 꼭 필요하다는 것을 느낀 순간이었습니다. 나의 상태를 알아채 주고 고개를 주억거려 주는 '공감', 그건 살아가는 데 필요한 또 하나의 힘입니다.

사자와 고양이들은 친척이어서 한동네에 살았습니다. 고양이들은 멋진 갈기를 가진 사자를 보러 날마다 모여들었습니다. 사자는 고양이들에게 뭐라도 대접하고 싶은 마음에 하늘을 나는 것처럼 땅을 박차고 나가 먹잇감을 구해 옵니다. 사자는 맛있게 요리해서 고양이들에게 대접합니다. 날마다 그렇게 보내던 어느 날, 지친 사자는 낮잠을 자야겠다고 말합니다. 그러자 사자의 상태를 이해하지 못한 고양이들은 자지러지게 웃기만 합니다. 사자는 하는 수 없이 또 먹잇감을 구하러 떠납니다. 너무 피곤했던 사자는 땅을 박차려다 그만 쓰러졌습니다. 그리고 그 자리에서 황금빛 돌이 되었습니다. 먼 훗날 사자 옆을 지나던 아기 고양이가 돌이 된 사자를 보고 묻습니다.

"엄마, 이게 뭐예요?"

"옛날옛날, 멋진 사자가 있었대."

"그런데 왜 돌이 돼서 자고 있어요?"

"글쎄, 왜 그럴까?"

"으음…… 분명 피곤했을 거예요."

그 말을 들은 황금빛 돌사자는 기지개를 켜며 일어납니다. 그러고는 다시, 하늘을 향해 날아갑니다. 아기 고양이가 사자를 이해해 주었기 때문입니다. 이렇듯 공감은 돌이 된 사자도 깨어나게 합니다. 깊은 공감을 자아내는《하늘을 나는 사자》이야기입니다.

그네 쪽으로 달려가는 것이 위험해 보여 얼떨결에 아이의 목덜미를 잡아당긴 촌장님을 아이는 째려봅니다. 촌장님 때문에 메뚜기를 놓쳐서 무척이나 화가 났나 봅니다. 아이에게는 그 무엇보다 메뚜기를 잡는 것이 더 중요했을 테니까요. 그래서 놓쳐 버린 메뚜기에 대한 안타까운 마음을 먼저 공감해 주기를 원했나 봅니다.

째려보는 아이에게 "왜?"라는 말 대신에 "아이쿠, 메뚜기를 놓쳐서

《하늘을 나는 사자》

속상했구나!" 하고 먼저 말해 주었다면, 그 아이는 그렇게까지 억지를 부리지 않았을지도 모르겠네요. 위험을 막으려고 애쓴 줄도 모르고 억지를 피우는 아이의 대답을 묵묵히 받아넘기는 촌장님의 모습에서 이보나 흐미엘레프스카가 쓰고 그린 《문제가 생겼어요!》의 마지막 장면이 떠올랐습니다.

한 아이가 다림질을 하다 잠깐 딴생각을 하는 사이에 엄마가 제일 좋아하는 식탁보에 다리미 자국을 내고 맙니다. 눈앞의 얼룩을 없애고 싶은 마음에 여러 가지 궁리를 해 보지만 방법이 있을 리 없지요. 외출에서 돌아온 엄마는 식탁보를 보고 화를 내기는커녕 이렇게 말합니다.

"어머, 정말 예쁜 얼룩이구나!"

엄마는 다리미를 달구어 또 하나의 얼룩을 만든 다음 색실로 물고기 모양 수를 놓습니다. 이런 일이 생길 때 아이들을 다그치거나 야단을 치지 않는다고 해서 똑같은 실수를 반복할까요? 아이들은 큰 포용 속에 들어 있는 용서의 의미를 읽어 냅니다. 오히려 안도감을 느끼는 동시에 믿음이 생겨나겠지요.

촌장님의 속마음이야 어찌 되었든 억지를 받아 준 촌장님의 마음이 아이의 마음을 열게 했습니다. 억지를 부리는 자신을 받아 준 순간 아이는 많은 생각을 했을 겁니다. 가끔은 조그마한 포용이 큰 믿음을 낳기도 합니다. 감정을 있는 그대로 받아 주는 어른이 주위에 있다면 그 아이는 건강하게 자랄 거예요. 그네 사건 이후에 촌장님 곁을 졸졸 따라다니는 그 아이만 봐도 알 수 있잖아요.

하지만 "어른이 어린이를 때리면 안 되잖아요."라는 말을 반복하던 그 아이는 다른 말을 하고 싶었던 것은 아닐까요? 너무나 큰 목소리를 작은 상자 안에 담아 놓은 그림책 《울음소리》가 있습니다.

작은 상자 겉면에 빌라 한 채가 그려져 있고 한 여자가 베란다에 서서 분홍과 초록 점들이 비눗방울처럼 하늘로 올라가는 것을 올려다보고 있습니다. 상자를 열면 겹겹이 적힌 엽서만 한 책이 나옵니다.

"쉿!"

"방금 저 소리 들었어?"

이야기는 누군가, 어떤 소리를 알아채면서 시작합니다. 책장을 넘길 때마다 물감이 퍼진 듯 가지각색의 덩어리가 이 집 저 집 위에 떠다닙니다.

무슨 소리?

(중략)

확실해.

우는 소리야.

남의 집 일에 뭘 신경 쓰고 그래.

애가 울 수도 있지.

엽서만 한 12조각을 연결해 펼치면 온 얼굴에 멍이 든 아이 얼굴이 나오고 한 구석에 '도와주세요'라고 쓰여 있습니다.

우리가 외면한 사이에 아이의 얼굴은 온통 멍투성이가 되었습니다. 이 집 저 집을 떠다니는 동그란 덩어리는 폭력에 노출된 아이의 울음소리였습니다. 또 이렇게 우리는, 한 아이의 '울음소리'를 놓친 것은 아닌지 가만히 아이의 말을 되새겨 봅니다.

"어른이 어린이를 때리면 안 되잖아요."

함께 읽은 그림책

《하늘을 나는 사자》 사노 요코 글·그림, 황진희 옮김 | 천개의바람
《문제가 생겼어요!》 이보나 흐미엘레프스카 글·그림, 이지원 옮김 | 논장
《울음소리》 하수정 글·그림 | 웅진주니어

> 숲놀이
> 숲에게 위로를 받다

나뭇잎으로 우리 가족을 그려요

요즘 미세먼지 때문에 몸살을 앓고 있습니다. 숲놀이를 할 때도 마스크를 쓰거나 너무 심하면 아예 실내로 대피하기도 합니다. 그런 까닭에 오늘은 실내에서 그림 그리기를 했습니다.

숲놀이답게 그림을 그리는 재료도 숲에서 나는 것들로 채워집니다. 숲에서 여러 종류의 나뭇잎을 주웠습니다. 그림의 주제는 '우리 가족'으로 정했고, 도화지 위에 나뭇잎을 붙여서 표현해 보기로 했습니다.

오늘은 유치원에서 온 일일 체험 팀인 까닭에 아이들 이름도 알 수 없었습니다. 그저 이리저리 돌아다니면서 구경하다가 나뭇잎으로 표현한 가족에 대해 물어보았습니다. 엄마 아빠와 형제자매만이 아니라 할머니 할아버지, 때로는 강아지나 고양이까지 가족 구성원이 됩니다. 그런데 한 아이가 세 장만 붙여 놓았습니다.

"왜 세 명인데?"

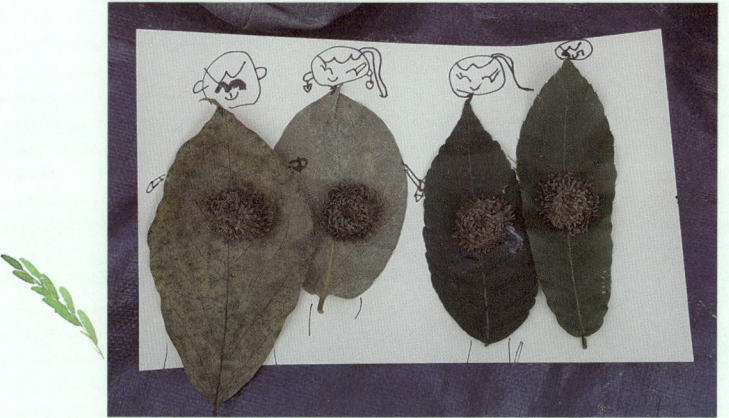

"아빠, 할머니, 나예요."

"엄마는?"

"난 엄마 없어요."

숨이 턱 막혔습니다. 아이에게 '그렇구나.'라는 말밖에 할 수 없었습니다. 아이가 고개는 들지 않고 대답했지만 또랑또랑한 목소리여서 그나마 위안이 되었습니다. 보통의 가족과는 다른 상황이었던 나도 어렸을 적에는 누가 그리 물으면 아무 대꾸도 못하고 얼굴만 벌게졌던 기억이 났습니다.

다시 빈둥빈둥 돌아다니다가 또 참견해 볼 만한 그림을 발견했습니다. 이 아이는 가족이 네 명이었는데 나뭇잎 하나가 도화지 밖으로 튀어나와 있습니다.

"이건 누군데?"

"아빠요."

"아빠를 도화지 안으로 넣어야겠다!"

내가 촌장 티를 내며 알은체를 하니 아이는 답답하다는 듯 쳐다보며 말했습니다.

"아빠는 우리를 데리고 놀러 다녀야 하니까 발이 밖에 있어야지요."

오늘 나는 '그렇구나.'라는 말밖에 못하는 촌장이 되었습니다. 몸이 아프다가도 아이들만 만나면 힘이 솟아오르던 나였는데 에이, 오늘은 가슴에 바위가 얹힌 듯 무거워지고 말았습니다.

숲에게 위로를 받다 | 그림책 읽기

함께하고 싶은 가족

외출에서 돌아와 현관문을 열었는데 익숙한 냄새가 코로 훅 들어옵니다. 참기름에 달달 볶아서 푹 끓여 낸 미역국 냄새입니다. 순간 온 가족이 둘러앉아 먹던 둥근 밥상이 떠올랐습니다. 엄마, 아빠, 동생 그리고 나 이렇게 네 식구가 한자리에 모이는 시간이었지요. 하지만 이제는 다 모일 수가 없습니다. 엄마 자리가 비었거든요. 가족의 형태는 시간에 따라 변하기 마련이잖아요.

가족의 형태가 점점 다양해지고 있습니다. 특별한 가족 이야기를 알록달록 동그라미로 씩씩하게 표현한 그림책 《커다란 포옹》이 있습니다. 노랑 아빠와 빨강 엄마 사이에서 오렌지인 내가 태어났습니다. 나는 아빠가 우리를 꼭 안아 주는 게 좋아요. 하지만 엄마 아빠가 더 이상 서로 사랑하지 않게 되었습니다. 오렌지인 나는 반으로 나누어진 느낌이 들었습니다. 시간이 흐르고 아빠와 헤어진 엄마는 새아빠 파랑과 함께 살

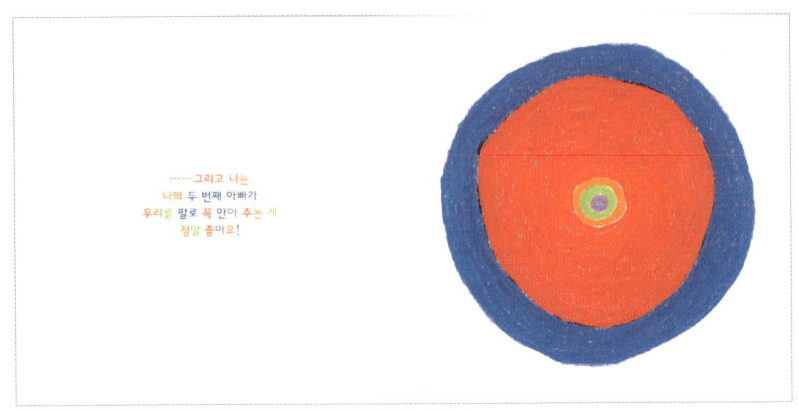

······ 그리고 나는
나의 두 번째 아빠가
우리를 팔로 폭 안아 주는 게
정말 좋아요!

《커다란 포옹》

게 되었습니다. 새아빠 옆에는 연두색의 어린 동생도 있고, 곧 엄마 배 속에는 연보라색의 또 다른 동생이 생겼습니다. 내가 원한 것은 아니었지만 가족이 되었지요. 하지만 다행스럽게도 노랑 아빠가 그랬던 것처럼 파랑 새아빠도 커다란 포옹으로 우리 가족을 안아 줍니다. 두 번째 아빠의 커다란 동그라미 속에 폭 안겨 있는 네 개의 동그라미가 완전체를 이루었습니다. 파랑 아빠의 커다란 포옹과 현실을 담담하게 받아들이는 오렌지의 힘이 더해져 평화로운 가정이 되었습니다. 왜 세 명이냐는 촌장님의 물음에 아빠, 할머니, 그리고 나라고 씩씩하게 말한 아이는 분명 아빠의 커다란 동그라미 속에 안전하게 있는 아이일 것입니다. 변화에 대한 당혹감이 쉽지 않았을 텐데 현실을 받아들이는 아이가 대견스럽습니다. 하지만 누구에게나 쉽게 받아들여지는 일은 아닙니다.

'없다'라는 공허함은 말이나 글, 그림으로 다 표현하기 힘든 감정이지요. 어쩌면 정성껏 이고 오던 물 한 동이를 철퍼덕 쏟아 버린 느낌 같

《무릎딱지》

기도 합니다. 하물며 가족의 부재는 더하지요. 특히 어린이에게는 그 어떤 말로도 채울 수 없는 아픔입니다. 늘 가슴 한쪽이 시린 일이니까요.

《무릎딱지》는 돌아가신 엄마를 그리움으로 붙잡아 두고 싶어 하는 어느 아이의 이야기입니다. 아픈 엄마는 하늘로 돌아가기 바로 전날 아이에게 말합니다. 사랑하지만 이젠 힘들어서 더 이상 안아 주지 못하고, 영영 떠나게 될 거라고요. 아이는 화가 나 소리칩니다. 웅크리고 앉아 골똘히 생각도 합니다. 물건을 발로 걷어차며 화풀이도 합니다. 그러다 어쩔 수 없는 일이라는 것을 알아 갑니다. 엄마가 돌아가신 뒤 아이는 엄마 냄새를 잊지 않으려고 애쓰지만 자꾸만 희미해집니다. 엄마 냄새가 새어 나가지 않도록 집 안의 창문을 꼭꼭 닫고 귀를 닫고 입을 다뭅니다. 그런데 조금이라도 아프면 엄마 목소리가 들리는 겁니다.

"괜찮아, 우리 아들. 누가 우리 착한 아들을 아프게 해? 넌 씩씩하니까 뭐든지 이겨 낼 수 있단다."

아픈 건 싫지만 엄마 목소리가 들리는 게 좋아서 아이는 딱지가 앉기를 기다렸다가 손톱 끝으로 긁어서 뜯어냅니다. 상처가 나면, 다시 엄마 목소리가 들릴 테니까요.

얼마나 지나야 엄마가 곁에 계시지 않는다는 사실을 편안하게 받아들일 수 있을까요? 무릎딱지를 떼지 않고도 엄마와의 추억을 꺼내 볼 수 있을까요? "난 엄마 없어요."라고 또박또박 말할 수 있는 그 날까지 기다려 주는 어른이 곁에 있으면 좋겠습니다. 무엇보다 남은 가족이 조금 덜 바빠져서 함께하는 시간이 많으면 참 좋겠습니다.

함께 있지만 늘 바쁜 아빠도 있지요! 아이가 잘 때 들어왔다가 아이가 일어나기 전에 나가는 아빠들 말입니다. 그림책 《고릴라》에 나오는 한나의 아빠도 그렇습니다. 한나가 학교에 가기 전에 출근하고, 퇴근 후에도 일만 합니다. 한나가 말을 걸려고 하면 아빠는 이렇게 말하지요.

"나중에, 지금 아빠는 바빠. 내일 얘기하자."

한나는 고릴라를 좋아해서 고릴라 책도 읽고, 고릴라 비디오도 보고, 고릴라 그림도 그립니다. 진짜 고릴라를 보러 아빠랑 함께 동물원에 가는 게 소원입니다. 하지만 아빠는 늘 바쁩니다. 주말에 가자고 약속해 놓고 피곤해서 함께 가지를 못합니다. 아빠는 한나의 생일에 고릴라 인형을 선물합니다. 고릴라 인형이 꿈에 나타나 동물원에 가자고 합니다. 한나는 자기 코트를 입고, 고릴라는 아빠 코트를 입습니다. 동물원에서 그토록 보고 싶었던 고릴라도 보고, 영화관도 가고, 목마도 타고, 잔디밭에서 춤도 춥니다. 너무너무 행복해하는 한나에게서 아빠와 함께 가고 싶은 절절한 마음이 느껴집니다.

가족이어서 함께하고 싶은 것이 참 많습니다. 함께 외식도 하고, 바닷가도 가고, 영화도 보고 싶습니다. 어린이들은 늘 간절하지만 어른들은 바쁩니다. 비싼 장난감을 사 주는 아빠보다 시간을 함께 보낼 수 있는 아빠가 아이들에겐 더 간절합니다. 한나처럼요.

도화지 밖으로 튀어나온 아빠 나뭇잎은 많이 바쁜가 봅니다. 약속만 하고 늘 지키지 못하나 봅니다. 다른 친구들처럼 아빠랑 함께 나들이도 하고 무등도 타고 싶겠지요. 이 세상 아빠들에게 이 그림을 보여 줘야겠습니다.

함께 읽은 그림책

《**커다란 포옹**》 제롬 뤼예 글·그림, 명혜권 옮김 | 달그림
《**무릎딱지**》 샤를로트 문드리크 글, 올리비에 탈레크 그림, 이경혜 옮김 | 한울림어린이
《**고릴라**》 앤터니 브라운 글·그림, 장은수 옮김 | 비룡소

> 숲놀이
> 숲에게 위로를 받다

나무와 친구가 되었어요

숲에 자신의 나무를 정하고 한 달에 한 번씩 관찰한 다음에 그림을 그려 볼 계획을 세웠습니다. 그런데 아이들이 똑같은 나무를 자기 나무라고 우기면 어떡하나 걱정했는데 기우였습니다. 아이들의 생각은 제각기 다르니까요. 먼저 한 해 동안 친구를 해야 하니 자기 나무한테 별명을 붙여 주게 했습니다. 한 해가 지나면 오랫동안 마음에 담아 둘 친구가 되어 있겠지요.

아이들이 자기 나무와 두 번째 만나는 날이었습니다. 사철 푸른 나무인 섬잣나무를 고른 이단심이 나무 앞에 섰습니다. 나는 단심이를 안타깝게 바라봤지요. 다른 친구들은 나무가 변해 가는데 단심이 나무는 변할 리 없으니까요. 내가 먼저 위로를 건넸습니다.

"섬잣나무는 안 변하려나 보다!"

"아니에요, 변했어요."

"뭐가?"

"연둣빛으로 싹이 올라왔어요, 여기요."

자세히 보니 조그마한 새싹이 돋아나 있었습니다. 내 생각이 얼마나 짧게 느껴졌는지 모릅니다. 아이의 눈을 따라잡을 수는 없지요.

반면에 덜렁대는 아이도 있습니다.

"촌장님, 내 나무가 없어졌어요."

"그럴 리가 없는데?"

"아니요, 누가 잘라 버렸나 봐요."

덜렁이가 큰일났다는 얼굴이 되어 호들갑을 떨었습니다. 나는 덜렁이의 나무인 매화나무 앞으로 갔습니다.

"이 나무가 네 나무야."

"아니에요. 내 나무는 꽃이 많이 피어 있었단 말이에요."

덜렁이가 무슨 말을 하는지 알아챘습니다. 매화꽃이 한창일 때 첫 그림을 그렸는데 꽃이 다 져 버리고 앙상한 모습만 남았으니 몰라볼 수밖에요.

"여기 좀 봐 봐. 여기에서 꽃이 떨어졌어."

덜렁이는 꽃받침에 아주 작은 열매가 맺혀 있는 것을 코를 박은 채 들여다보았습니다.

"와, 아기 열매가 달렸어요!"

열매를 발견한 덜렁이는 새로운 세상을 발견한 듯 신이 났습니다. 눈에 띄게 변하는 나무도 있지만 보일 듯 말 듯 변해 가는 나무도 있습니다. 아이들처럼 말이지요. 나무의 키가 자라듯 아이들도 열두 달이 지나면 훌쩍 자라 있을 게 분명합니다.

숲에게 위로를 받다
그림책 읽기

사랑해야 보이는 것

보름인지 달이 참 밝습니다. 온 세상에 가득 찬 달빛을 보자 나도 모르게 간절한 소망 하나가 입에서 툭 튀어나옵니다. "달님!" 하고 가만히 부르고 보니 장영복 시인이 쓰고, 이혜리 작가가 그린 《호랑나비와 달님》이 떠오릅니다.

"달님, 달님, 아름다운 달님!"

달님을 부르는 호랑나비의 목소리가 들립니다. 머지않아 세상을 떠나야 하는 호랑나비는 달님에게 자기가 낳은 알들을 보살펴 달라고 부탁합니다. 알이야 스스로 깨어나 제힘으로 자라야 한다고 생각하지만 간절하게 기도하는 호랑나비의 부탁에 달님은 마지못해 대답합니다.

"호랑나비야, 너무 걱정하지 마."

나비는 원래 엄마 없이 크는 거라고 생각하는데도 소원을 빌던 호랑나비의 목소리가 계속 달님을 따라다닙니다. 달님은 저도 모르게 짬날

《호랑나비와 달님》

    때마다 탱자나무 울타리를 살펴봅니다.
    애벌레가 살아가야 하는 세상은 만만치 않았습니다. 호시탐탐 그를 노리는 새와 곤충들, 그리고 휘몰아치는 빗줄기까지, 그때마다 달님은 먼발치에서 가슴 졸이며 응원합니다. 탱자나무로 내려가 직접 애벌레를 돌보지는 못하지만 늘 지켜보며 무사하기를 응원하는 힘은 분명 애벌레에게 가 닿았을 겁니다. 호랑나비 알은 달님이 지켜보는 가운데 애벌레와 번데기를 지나 마침내 나비가 되어 아름다운 날개를 펼쳐 날아오릅니다. 그 모습을 본 달님은 눈물을 또르르 흘립니다.

마음을 주고받는다는 게 이런 거구나 싶습니다. 개별적으로 존재하던 각각의 개체가 인연을 맺으면서 두 관계 사이에는 신비로운 힘이 생겨납니다. 자기 나무를 정하고, 이름을 붙이고, 한 달에 한 번 나무의 변화를 그리기로 한 아이들에게 내 나무는 이제 예전의 나무가 아닙니다.

달님에게 애벌레는 예전의 애벌레가 아니듯이 아이들에게 내 나무도 특별한 존재가 되기 시작했을 겁니다. 특별한 존재가 되면 평소보다 더 깊이 들여다보고 작은 변화에도 신기해하고 함께 기뻐하게 됩니다. 이것은 서로의 변화입니다. 하늘에서 응원을 보내는 달님에게만 생긴 변화가 아니라 애벌레에게도 분명 그 힘이 가 닿았을 것입니다.

숲속에 있던 한 그루의 나무도 애정의 대상이 되면서 힘껏 잎을 틔우고 열매를 맺게 되겠지요. 아름답게 꽃을 피운 것이 마치 자기의 관심 덕분인 듯 아이들은 기뻐할 것입니다. 이런 과정을 통해 나누는 사랑이 얼마나 행복한 일인지 아이들은 자연스레 느낄 것입니다. 이미 나무와 아이 사이에 마법은 일어나기 시작했으니까요.

자세히 들여다보고 귀를 기울이면 얼마나 다양한 모습이 하나의 생명에 숨어 있는지 알게 됩니다. 봄에 피는 신록도 자세히 들여다보면 똑같은 연두가 아니잖아요. 매일매일 햇볕을 머금고 짙어가는 초록빛도 자세히 들여다보면 하루하루 달라진다는 것을 느낄 수 있습니다. 식물뿐만 아니라 동물들도 그렇습니다.

야시마 타로의 《까마귀 소년》에 나오는 땅꼬마는 놀 때도, 공부할 때도 따돌림을 받는 외톨이였습니다. 땅꼬마는 시간을 보내며 심심풀이할 방법을 하나둘 궁리해 냈어요. 비 오는 날 창밖을 보면 놀라운 것이 한두 가지가 아니라는 것을, 운동장에서도 눈을 감고 귀를 기울이면 온갖 소리가 들린다는 것도 알아냅니다. 그러던 어느 날 학예회 무대에 땅꼬마가 나타나자 아이들은 말합니다. "아니, 저게 누구야? 저 멍청이가 무얼 하러 저기 올라갔지?" 무대로 올라간 땅꼬마는 알에서 갓 깨어난 새끼 까마귀 소리를 냅니다. 그다음에는 엄마 까마귀 소리, 아빠 까마귀 소리, 이른 아침에 우는 까마귀 소리도 들려주었습니다. 마을 사람들에게 좋지 않은 일이 생겼을 때 까마귀가 어떻게 우는지도 들려주었지요. 까마귀가 즐겁고 행복할 때 내는 소리도요. 사람들은 땅꼬마가 들려주는 까마귀 소리를 들으며 땅꼬마가 걸어온 먼먼 산자락으로 끌려갔어요. 늘 같은 소리라고만 생각했던 까마귀 소리가 이렇게 다양하다는 사실에 모두 놀라워합니다. 땅꼬마가 동틀 무렵 학교로 타박타박, 해질 무렵 집으로 타박타박, 여섯 해 동안 하루도 빠짐없이 타박타박 걸어 다니면서 익힌 소리였기에 더욱더 사람들을 감동시켰습니다. 자연에 대한 까마귀 소년의 섬세한 관심은 세상을 살피는 힘이 된 것이지요.

우리 입에 쏙 들어와서 새콤달콤한 맛으로 행복을 느끼게 하는 딸기! 한 알이 어떤 모습으로 자라나는지 성장 과정을 예술적으로 표현한 신구 스스무의 《딸기》가 가르쳐 주는 기적을 살펴볼까요?

어스름한 저녁, 딸기가 모두 사라진 땅에서 달콤한 냄새가 흘러와요.

아무것도 없는 땅을 보며 작가는 이렇게 표현했습니다. 딸기가 없는 땅에 코를 박고 딸기 향기를 찾게 합니다. 모든 것은 여기서 시작된다는 것을 알려 주는 듯해 마음이 경건해집니다.

반들반들 초록 이파리에서 딸기의 숨소리가 움트고 있어요.

이번에는 딸기의 초록 이파리에 귀를 기울여야 할 것 같아요. 숨소리가 들릴지도 몰라요. 초록 잎만 보면 어디서 빨간 열매가 맺힐지 그저 신기하기만 합니다. 그렇게 눈 이불도 덮고, 밤하늘의 별도 보고, 바람이 실어다 주는 햇빛과 황금빛 소나기를 맞으며 하얀 꽃이 올라옵니다. 꽃잎이 떨어지면 머지않아 하얀 딸기가 태어납니다. 하얀 딸기는 아름다운 저녁놀에 빨갛게 물듭니다.

이렇게 딸기의 한해살이를 지켜 본 아이들은 딸기 속에 든 별빛과 빗소리와 햇빛 냄새를 기억하겠지요. 그리고 그 긴 시간을 견뎌 온 한 알의 딸기가 우주의 한 행성처럼 위대해 보이겠지요. 하나의 생명을 긴 호흡으로 지켜본다는 것은 분명 우주를 보는 일임에 틀림이 없습니다. 생명을 지켜보는 눈은 신비로움을 느끼게 하고, 그 신비로움은 자연에 대한 경외심마저 느끼게 하지요. 관심을 가지면 더 많이 보입니다.

함께 읽은 그림책

《**호랑나비와 달님**》 장영복 글, 이혜리 그림 | 보림
《**까마귀 소년**》 야시마 타로 글·그림, 윤구병 옮김 | 비룡소
《**딸기**》 신구 스스무 글·그림, 김루희 옮김 | 한솔수북

| 숲놀이 숲에게 위로를 받다 |

아빠, 숲에서 놀아요

숲놀이에 부모님이 함께 참여하더라도 대부분은 엄마가 오지 아빠의 참여율은 그다지 높지 않습니다. 그래서 오늘은 특별히 아빠와 함께하는 날로 정했습니다. 소파 위에서 쉬고 싶겠지만 아빠들이 마음을 내었습니다.

먼저 계곡으로 들어가 화덕에 불부터 지폈습니다. 프라이팬 손잡이에 나무를 길쭉하게 묶고 반죽을 부어 구우면 맛있는 핫케이크가 됩니다. 감자는 불 속에 던져만 두어도 맛있게 익지요. 모두 직접 구워 보고 싶어 합니다. 갓 구운 핫케이크의 인기는 대단합니다. 그 맛은 먹어 보지 않고는 상상할 수 없지요. 핫케이크를 먹을 만큼 먹고 나면 감자가 시커멓게 타 있습니다. 껍질을 살살 벗기면 김이 모락모락 나는 하얀 감자 속살이 침을 주르륵 흐르게 만들지요.

그런데 한 아빠가 좀처럼 무리에 섞이려 하지 않고 멀찍감치 떨어져

    뒷짐을 지고 있었어요. 다른 아빠들이 불 피우고, 핫케이크 굽고, 감자를 굽는 동안 혼자 동떨어져 맴돌기만 했습니다. 난 계속 신경이 쓰였지만 어쩔 도리가 없었습니다.

    시간이 지나고 아이들이 대나무 물총으로 계곡에서 물장난을 시작하면서 조금씩 달라지기 시작했습니다. 아이들이 만든 물총이 시원치 않자 그 아빠가 직접 나선 것입니다. 대나무에 물을 넣어서 쭈욱 쏘는 걸 보니 아이들 솜씨하고는 비교도 안 되었습니다. 놀아 본 지 오래되었지만 그 아빠의 몸은 기억하고 있었던 거지요.

    아빠한테 드디어 어린이의 마음이 깃들면서 아이들과 뒤섞이기 시작했습니다. 진짜 물싸움이 시작된 것이지요. 다른 아빠들도 그 모습을 보니, 재밌잖아요. 한때 놀아 본 경험이 있는 아빠들 아닙니까. 모두 물총을 들고 나섰습니다. 아빠들하고 물싸움이 시작되었으니 아이들끼리 노는 것과는 차원이 다릅니다. 무시무시한 전면전이 벌어졌습니다. 아빠와 아이들이 전광석화처럼 몰려다닙니다.

"공격이다!"

"우아, 후퇴다!"

"이쪽으로 이쪽으로!"

오늘은 아빠들이 어른인 척하지 않고 논 날입니다. 마음 한 편에 구겨 두었던 어린이를 찾은 날이기도 하고요. 우리 아빠들이 더도 말고 덜도 말고 오늘만 같으면 얼마나 좋을까요. 우리 아이들이 아빠가 되었을 때, 오늘의 아빠를 가슴에 소중히 담고 있겠지요. 어디 그뿐이겠습니까. 미래의 아이들에게도 이런 날을 만들어 줄 테지요.

"예전에 아빠도 너희 할아버지와 신나게 물싸움을 했단다!" 하면서 말입니다.

숲에게 위로를 받다 그림책 읽기

아빠랑 함께한 시간

친구랑 어묵탕을 먹으러 갔습니다. 김이 모락모락 나는 대접에 꽃게랑 홍합을 가득 넣고 끓인 어묵탕이 나왔습니다. 입을 쩍 벌린 홍합 사이로 젓가락을 넣어서 알맹이를 꺼내는데 아빠 생각이 났습니다. 동해안이 고향인 아빠는 잠수를 잘했어요. 우리 가족은 곧잘 바닷가로 놀러 갔지요. 아빠가 물질해서 건져 온 홍합과 조개를 냄비에 넣고 팔팔 끓여 초고추장에 푹푹 찍어 먹으며 하루 종일 바다에서 놀았습니다.

해질녘까지 바닷물 속에서 놀다 보면 아무리 더운 여름이라도 몸이 서늘해집니다. 그럴 때면 아빠는 하루 종일 햇볕으로 달구어진 모래밭에 인절미를 굴리듯 우리를 굴려 주었어요. 우리는 큰 소리로 '깔깔깔' 웃었습니다. 아빠가 "맛있는 인절미가 되었네. 이제 썰어야겠다." 하면 우리는 잽싸게 일어나 바다로 풍덩 뛰어 들어갔지요. 우리 아빠의 인절미 놀이와 닮은 그림책이 있습니다. 바로 윌리엄 스타이그의《아빠와 피자놀이》입니다.

비가 내려서 밖에 나가 공놀이를 할 수 없게 되었습니다. 속상해하는 피트를 보고 아빠는 '이 녀석을 피자로 만들어 주면 기분이 좋아지겠지!'라고 생각합니다.

먼저 식탁 위에 피트를 눕혀 놓고 동글동글 굴려서 반죽을 합니다. 팔다리를 잡아당기며 반죽을 늘리기도 하고요. 반죽을 넓고 동그랗게 만들기 위해서 공중으로 던져 빙빙 돌립니다. 그러고는 기름 대신 물을 바르고 밀가루 대신 땀띠분을 뿌립니다. 종이를 잘라서 치즈 대신 얹고 소파에 누이며 말합니다. "자, 이제 피자를 오븐에 넣고 구워야겠는걸." 다 구워진 피자를 식탁으로 가져와 썰려고 하자 피자가 된 피트가 도망을 칩니다. 인절미를 썰려고 하자 바다로 도망친 우리처럼요.

장난감 회사에서 아이들에게 어린이날에 가장 갖고 싶은 장난감이 무어냐고 물었더니 '아빠'라고 대답했답니다. 아이들이 장난감을 좋아하지만 꼭 필요한 건 역시 '아빠'인 모양입니다. 함께한다는 것은 참 소중한 일입니다. 오랫동안 아이에게 남을 기억은 아빠와 함께 보낸 시간입니다.

아빠라는 존재가 완벽해서 아이들이 좋아하는 것은 아닙니다. 그냥 아빠니까 또 우리 아빠라서 좋은 거예요. 그림책 《나는 아빠가》에서는 아빠를 향한 아이의 진정성 있는 마음이 오롯이 담겨 있습니다. 돈을 많이 벌어서 갖고 싶은 것을 다 사 주는 아빠도 좋지만, 퇴근길에 나를 위해 붕어빵 한 봉지를 사다 주는 아빠도 참 좋습니다. 주말에 함께 재미있는 곳을 가는 것도 좋지만, 소파에서 함께 텔레비전을 보는 것도 참 좋습니다. 어디서든 그냥 아빠랑 함께라면요. 어린이는 한목소리로 이

《나는 아빠가》

렇게 말합니다.

나는 그냥 아빠가 곁에 있기만 해도 좋아요.

거창하고 멋있고 완벽한 아빠보다 나를 정말 사랑해 주는 아빠를 아이들은 좋아합니다. 하지만 맞벌이를 하는 가정이 많은 요즘은 아이들과 부모가 함께 마음을 나누는 시간이 예전보다 적습니다. 엄마 아빠는 자신들의 일만으로도 충분히 피곤하고 힘듭니다. 늦게 귀가하는 빈자리를

《삼촌이 왔다》

할아버지 할머니나 친척들이 대신해 주는 가정도 있습니다.

김재희가 쓰고 그린 《삼촌이 왔다》에 나오는 주인공 동희도 맞벌이하는 엄마 아빠 대신 사촌 언니가 돌봐 줍니다. 그때 외국에 나가 있던 삼촌이 옵니다. 동희는 까칠까칠한 털은 따갑고, 못생겨 보이는 삼촌을 괴물이라고 생각합니다. 그러다 면도하는 삼촌을 우연히 보게 됩니다. 삼촌은 비누 거품을 동희 코에 콕 묻히며 장난을 겁니다. 동희도 삼촌에게 거품을 '콕' 묻힙니다. 둘은 제대로 장난을 치기 시작합니다. 거품 놀이 덕분에 동희와 삼촌은 마음을 활짝 열고 친해집니다. 동희와 삼촌은 소꿉놀이도 하고, 놀이터에도 함께 갑니다. 둘도 없는 단짝 친구가 됩니다. 여름 방학을 함께 보내며 동희에게 잊을 수 없는 선물을 남긴 삼촌은 다시 떠납니다. 아빠와 엄마가 아니어도 아이들은 함께 놀아 준 사람과의 기억을 오랫동안 품고 삽니다. 그러니 함께 시간을 보낸다는 것이 얼마나 큰 사랑인지 모릅니다.

뒷짐을 지고 있던 아빠가 아이들과 뒤섞여 물총 놀이를 하는 모습을 보면서 동희와 삼촌이 생각났습니다. 어른인 척하지 않고 어린이들과 섞여 논 날, 아빠와 아이의 눈높이가 같아진 날, 그 아이는 얼마나 행복했을까요? 어른과 내가 같은 위치에 놓인다는 것은 어린이를 당당하게 만듭니다. 노는 일 자체로 아빠와 아이는 한편을 먹은 것이지요. 어디 그뿐이겠습니까. 세상 걱정 다 내려놓고 노는 것에만 집중하면서 한껏 웃을 수 있던 그 시간은 동희 삼촌에게도, 물총 놀이를 한 아빠에게도 위로의 시간이었을 겁니다. 가끔은 어른들도 아이를 핑계 삼아 어린이로 돌아가면 어떨까요? 아빠는 어린 시절의 나를 만나고, 그런 아빠와 함께한 아이는 먼 훗날 아빠가 되었을 때 이 기억으로 다시 자신의 아이와 함께하는 시간을 갖겠지요. 서로에게 이보다 더 큰 힘이 되는 일은 없을 거예요. 눈물이 찔끔 나올 만큼 좋습니다.

함께 읽은 그림책

《**아빠와 피자놀이**》 윌리엄 스타이그 글·그림, 김경미 옮김 | 비룡소
《**나는 아빠가**》 안단테 글, 조원희 그림 | 우주나무
《**삼촌이 왔다**》 김재희 글·그림 | 사계절

> 숲에게 묻다
> 숲놀이

숲은 위험한 곳이 아니에요

아이들이 숲에 도착하면 바로 알 수 있습니다. 숲에서 놀아 본 아이들인지, 바깥 활동을 거의 하지 않는 아이들인지 말이지요. 일단 걸음걸이부터 다릅니다. 숲에서 자주 논 아이들은 숲길에서 자유롭게 달리는 반면, 활동량이 적은 아이들은 뒤뚱대며 걷거나 금세 힘들다고 찡찡대고는 하지요. 평형 감각이나 활동성에서도 차이가 나고요.

도깨비마을 유아숲체험원은 자연 상태를 유지하려고 노력합니다. 바위가 있거나 나무가 쓰러져 길을 막더라도 굳이 치우지 않고 그대로 두지요. 오솔길을 가로막는 나무를 만났을 때는 자기 힘으로 넘어가게 하면 됩니다. 하지만 같이 온 선생님들은 아이를 안아서 나무 위로 넘겨주고는 하지요. 아니면 이렇게 해라 저렇게 해라 일일이 간섭을 합니다. 아마도 가로막고 있는 나무가 위험하거나 지저분하다고 생각하는 모양입니다. 간혹 이렇게 말하기도 합니다.

"조심조심, 손으로 나무 짚지 말고."

어디 그뿐이겠습니까? 흙은 아예 못 만지게 하고, 가방은 무거우니 모두 벗겨서 차로 실어 나릅니다. 가방 속에는 고작 김밥 한 줄, 물 한 통밖에 없는데 말이죠. 3세 반은 넘어지면 안 된다며 손으로 안아 옮기는 탓에 어린이들이 숲에 왔는데도 아예 땅 한번 밟아 보지 못하고 돌아가는 경우도 생깁니다. 그 모습을 보고 있자면 머쓱하다 못해 분노가 치밀어 오릅니다.

"얘들아, 이게 뭘까?"

질문을 던지니 아이들이 나한테 "와~." 모여듭니다. 나는 까만 열매를 한 알 따서 먹는 시범을 보였습니다. 최대한 음미하면서 말이지요. 그 모습을 보는 아이들의 눈빛이 호기심과 신기함으로 초롱초롱해집니다. 아이들과 함께 따 먹으려고 아껴 놓은 까마중이었습니다.

"먹어 볼 사람?"

"저요!"

용감하게 한 녀석이 손을 드니, 서로 먹어 보겠다고 손을 내밉니다. 몇 알씩 따서 손에 올려 줬는데, 어느 틈에 달려온 선생님이 손에 쥔 까마중을 털어 내 버립니다.

"이런 거 먹으면 안 돼!"

정말 화가 나는 순간이었습니다. 이런 선생님한테 배운 어린이는 어떤 어른이 될까요? 평생 자연은 더럽고 위험하다고 느끼며 살게 되는 건 아닐지 걱정이 됩니다.

숲에게 묻다
그림책 읽기

과도한 친절은 폭력

몇 년 전부터 봄이 되면 얼굴이 다 뒤집힐 듯 발진하는 알레르기 때문에 고생을 합니다. 너무 가렵고 보기도 흉해서 병원에 가지만 매번 원인은 면역력 결핍 때문이라고 합니다. 나이가 들어서 그런 건가 싶기도 하지만 조금만 춥거나 더워도 참지 않고 금세 따뜻하거나 시원한 곳으로 피신해 버린 탓이라는 생각도 듭니다. 몸만 그런 것이 아니라 마음도 그렇습니다. 고민하기보다는 편하고 쉬운 쪽으로 타협을 합니다. 점점 생각하는 힘이 약해집니다.

우리 아이들도 마찬가지일 거예요. 호기심에 가득 찬 아이들의 본성을 숨죽이게 하는 것은 지나친 애정을 쏟아붓는 부모나 교사 탓은 아닐까 되돌아봅니다.

메두사는 노랗고 긴 머리칼 속에 자신을 가두고 세상 사람들과 벽을 쌓고 지냈어요. 그런 메두사가 산파의 도움으로 새 생명을 탄생시켰습니다. 갓 태어난 딸 이리제는 메두사 엄마의 머리칼 속에서 생활을 시작했어요.

이리제는 엄마의 머리칼 둥지에서 낮잠을 자고, 머리칼이 떠 주는 음식을 먹습니다. 책을 읽고, 놀이를 하는 것도 모두 엄마의 긴 머리칼 속에서 이루어집니다. 메두사는 자신이 지켜볼 수 없는 곳으로 이리제를 보내는 것이 불안합니다. 아이는 언제나 함께 있어야 하고, 모든 것을 통제할 수 있어야 마음이 편안했던 거지요. 품에서 이리제를 내려놓으려 하지 않는 메두사는 이렇게 말합니다.

너는 나의 진주야. 내가 너의 조가비가 되어 줄게.

하지만 이리제는 친구들처럼 학교에 가고 싶어 합니다. 날마다 창밖으로 해변에서 노는 아이들을 바라봅니다. 마침내 엄마는 이리제가 원하는 대로 학교에 보내기로 결심하지요.

엄마의 홀로서기가 시작되었습니다. 학교로 마중 나온 메두사의 긴 머리칼이 단발머리로 바뀌었습니다. 그동안 스스로를 가둔 장막을 잘라 낸 것이지요. 아무리 엄마의 사랑이 커도 아이의 모든 것을 껴안을 수는 없습니다. 엄마의 사랑만으로 채워지지 않는 아이만의 거대한 세상이 있으니까요.

아이가 성장하려면 몸으로 겪고 견디고 느끼는 시간이 충분해야 합니다. 작은 실수로 큰 실수를 막아 내는 연습 과정이니까요. 그러나 많은 부모들은 그 시간을 참지 못하고 금세 손을 내밉니다. 지나친 친절이 아이들의 가능성을 빼앗을 수 있다는 걸 대수롭지 않게 여겨서요. 작가

《메두사 엄마》

《나무는 아무 말도 하지 않는단다》

키티 크라우더는 "부모와 자녀의 만남 역시 다른 인간관계와 마찬가지로 서로 다른 두 우주가 만나는 일이다. 한 우주가 다른 쪽을 잡아먹어선 안 된다."라고 말한 바 있습니다.

잘 기다려 주는 것이 더 큰 사랑이라고 그림책 《나무는 아무 말도 하지 않는단다》는 말합니다. 준이는 아빠와 함께 집 가까운 공원에 갑니다. 그곳에서 아빠에게 나무가 되어 달라고 하지요. 아빠는 기꺼이 나무가 되어 줍니다. 준이는 나무에 올라가고 싶었습니다. 하지만 자꾸 미끄러져 쉽게 올라갈 수가 없었지요. 준이는 아빠를 부릅니다. 아빠는 소리를 내지 않고 마음으로 대답합니다.

'나무는 아무 말도 하지 않는단다.'

준이는 망설이다 혼자서 올라갑니다. 스스로의 힘으로 나무 위에 올라가 굵은 가지에 다리를 걸칩니다. 스스로의 힘으로 높은 곳에 올라간 준이의 얼굴은 세상 그 누구보다도 당당합니다. 무서워하는 벌레들이 나타나고, 새가 똥을 싸고, 강아지가 오줌을 싸는 등 위기에 맞닥뜨릴 때마다 준이는 아빠를 부르지만 역시 아무 말이 없습니다.

이번에는 내려오는 것이 무서워 아빠를 불러 보지만 마찬가지입니다. 준이가 마음을 단단히 먹고 한 발 한 발 나무에서 내려왔더니 그새 나무는 아빠로 돌아와 있습니다. 준이가 아빠에게 왜 아무 말도 하지 않았냐고 물으니, "나무는 아무 말도 하지 않는단다."라고 똑같이 대답합니다.

아이가 도움을 청할 때마다 아빠는 스스로 다짐했겠지요. '나무는 아무 말도 하지 않는단다.'라고요. 그 순간을 아이와 함께 이겨 냈을 겁니다. 마지막 장면에서 아빠보다 먼저 골목길로 뛰어가는 준이의 모습에는 자신감이 넘쳐납니다.

유치원 버스에서 아이 혼자 힘으로 내려올 수 있도록 지켜봐 주는 것이, 산길에 쓰러진 나무를 스스로 넘을 수 있도록 기다려 주는 것이 '참된 교육'일 겁니다. 아니, 아이들이 세상을 살아 내기 위해 꼭 필요한 공부입니다. 그 기회를 어른이라고 함부로 가로채지는 말아야겠습니다.

함께 읽은 그림책

《메두사 엄마》 키티 크라우더 글·그림, 김영미 옮김 | 논장
《**나무는 아무 말도 하지 않는단다**》 가타야마 켄 글·그림, 황진희 옮김 | 나는별

숲놀이 숲에게 묻다

나눠 먹으면 더 맛있어요

식구란 음식을 나누는 사람을 말합니다. 기독교의 종교 의례 중에도 음식을 나누는 성찬식이란 게 있잖아요. 먹을 것을 나눈다는 건 참 소중한 일입니다. 음식은 결국 목숨과도 같으니까요.

숲학교 프로그램 중에 자기가 가져온 간식을 먹는 시간이 있습니다. 물론 인스턴트 음식은 안 되고 오이, 당근, 토마토나 감자 같은 채소나 과일만 가져올 수 있습니다. 처음에는 서먹서먹하니까 자기 음식만 먹지만 친해지면 서로 나눠 먹기 시작합니다. 그런데 강욕심은 남의 음식은 잘 먹으면서 자기 음식은 나눠 주지를 않았어요.

처음에는 달래 보았지요.

"네 것도 좀 나눠 줄래? 나눠 먹으면 훨씬 더 맛있거든!"

여전히 통하지를 않아서 조금 세게 이야기해 보았습니다.

"그럼 너도 남의 것 먹지 마!"

그런데 이 방법도 별로 소용이 없었습니다. 어른이고 선생인 내가 아이와 대결하는 것 같아 멋쩍기도 했고요. 그런데 시간이 지나면서 조금 심각해졌습니다.

"촌장님, 욕심이가 숲교실에 안 나왔으면 좋겠어요."

"그렇게 말하면 안 되지. 욕심이가 속상하겠다."

"촌장님이 욕심이를 잘 몰라서 그래요."

선생으로서 중재를 해야 할 상황이 온 것입니다. 먼저 화덕에 불을 피워서 핫케이크를 굽기로 마음먹었습니다.

"이건 내가 가져온 거니까 너하고는 나눠 먹지 않을 거야. 그러니까 넌 네가 가져온 거 구워 먹어!"

욕심이가 가져온 건 당근과 방울토마토이니 구워 먹을 수 없었지요. 그럼에도 나는 또 욕심이에게 지고 말았습니다. 자기 것만 먹을 욕심이가 아니었으니까요. 결국 욕심이는 오늘도 아이들에게 이 한마디를 들었습니다.

"야, 너 혼자 다 먹냐?"

욕심이가 음식을 나누지 않는 까닭은 있겠지요. 그렇더라도 욕심이 마음이 풀리기만을 마냥 기다리기도 어렵습니다. 다른 친구와의 관계도 있으니까요. 이렇듯 어린이들과 생활하다 보면 풀리지 않은 숙제가 쌓여 가기만 할 때도 있습니다.

숲에게 묻다 그림책 읽기

말로 설명할 수 없는 행동

슈퍼에서 장을 보는데 과자 코너 앞에서 큰소리가 났습니다. 무슨 일인가 하고 고개를 돌려 보니 유치원생으로 보이는 여자아이가 엄마에게 야단을 맞고 있습니다. 엄마 손에는 뜯어진 과자 봉지가 들려 있고, 아이는 고개를 숙인 채 아무 말도 하지 않았습니다. 엄마는 연거푸 다그쳤고, 아이는 조금 전보다 입을 더 꼭 다문 채 소리 없이 눈물만 흘렸습니다. 계산도 하기 전에 과자 봉지를 뜯은 아이를 엄마는 도저히 이해할 수 없었던 모양입니다. 계속 지켜보기가 민망해서 그 자리를 벗어났지만 그 아이의 우는 모습이 오랫동안 마음속에 남았습니다.

혼내는 엄마와 우는 아이를 보면서 그림책《너 왜 울어?》가 현실 속으로 튀어나온 줄 알았습니다. 솔직히 말하면 어느 집에서나 있을 법한 엄마의 모습이기도 합니다. 길고 빨간 손톱으로 아이를 가리키며 '너 왜 울어?'라고 묻는 듯한 표지를 보면, 많은 엄마들이 뜨끔할 것 같습니다.

《너 왜 울어?》

첫 장을 넘기니 그림책 한 귀퉁이에 장난감 비행기를 가지고 노는 아이가 보입니다. 왠지 아이의 자리가 그만큼밖에 안 되는 것 같아 마음이 더 불편해집니다. 엄마가 느닷없이 "코트 입어!"라고 말하더니 서둘러 외출 준비를 하라고 아이를 다그칩니다. 하지만 아이는 외출이 달갑지 않은 얼굴입니다. 그래도 폭탄처럼 쏟아지는 엄마의 잔소리를 감당하며 집을 나섭니다.

집에 돌아오는 그 순간까지 엄마의 잔소리는 계속되고, 집으로 돌아온 아이는 마침내 눈물을 흘립니다. 네가 놀고 싶다고 해서 나갔다 왔고, 슈크림 빵도 사 주었는데, 웃지는 못할망정 왜 우냐고 엄마는 또 아이를 다그칩니다. 엄마의 입장에서는 울 일이 아니라고 생각하겠지만, 아이에게는 충분히 울 일이지요.

어린이의 모든 행동에는 반드시 의미가 있습니다. 특히 내면의 욕구를 밖으로 드러내기 위해서 무의식 중에 하는 행동이 있습니다. 그런 행동에는 일반적인 해석이 불가능한 경우가 많지요. 아직은 자기 생각을 조리 있게 전달하지 못하기 때문에 어른들은 엉뚱한 방향으로 판단하기도 합니다. 어린이의 행동 속에 들어 있는 의미와 욕구를 알아챌 수만 있다면 조금 더 이해하기가 쉽겠지요. 욕심이가 왜 저럴까? 이유는 뭘까? 욕심이는 왜 자기 것은 아끼고 남의 것만 먹을까? 행동 자체가 나쁘다고 생각하기 전에 까닭이 무엇인지를 생각해 보는 게 어른된 자의 순서가 아닐까요?

엄마가 아이의 행동을 보고 야단치지만 아이로서는 나름의 이유가 있음을 유쾌하게 보여 주는 그림책 《이유가 있어요》를 살펴봅니다. 코

《이유가 있어요》

를 후비는 이유, 손톱을 무는 이유, 다리를 떠는 이유, 밥알을 흐슬부슬 흘리는 이유 등을 이야기합니다. 앞뒤가 맞지 않는 이상한 대답이지만 화가 나지는 않습니다. 주변의 문제가 하나도 해결되지 않았는데도 유쾌하게 느껴집니다. 웃다 보면 문제라고 생각했던 것이 그리 심각하게 느껴지지 않고요.

　세상에는 정확한 말로 표현할 수 없는 행동도 참 많아요. 이처럼 어린이의 행동 하나하나에 어른의 생각이 가 닿지 않는 이유가 분명히 있을 것입니다. 어린이는 어른이 생각하는 것보다 훨씬 더 많은 두려움과 불안 속에서 살고 있습니다. 표현이 서툴기 때문에 어른들은 그 행동이 어디에서 비롯되는지 알아차리지 못하기도 합니다. 욕심이는 단순히 먹을 것에 욕심이 많아서 그런 것이 아닐지도 모릅니다. 자신의 마음이 어딘가 불안하고 두렵고 힘들다는 것을 음식에 대한 집착으로 표현하고 있는 것은 아닐까요?

키우다 보면 유달리 힘든 아이들이 있습니다. 도를 넘는 고집을 부리기도 하고, 매번 같은 잘못을 저질러 어른을 곤란에 빠트리기도 합니다. 자기 것을 아끼는 욕심이를 나쁜 아이라고 규정짓기 전에 그 아이의 욕구가 무엇인지를 찾아내는 것이 필요합니다. 물론 시간이 걸리는 일입니다. 혹시 배가 고팠던 경험이 있는 아이는 아닌지, 누군가에게 사랑받고 싶거나, 친구들과 사이좋게 지내고 싶은데 방법을 잘 몰라서 그런 것은 아닌지, 세심히 살펴보는 거지요. 어쩌면 타인에게 주목받고 싶은 마음에서 하는 행동일지도 모르고요.

사람마다 욕구도 다르고 중요하게 생각하는 순서도 다릅니다. 스스로의 욕구를 지배하지 못했을 때 오는 불편함을 겪으면서 욕심이도 스스로 바뀌어야겠다는 생각을 할지도 모릅니다. 서로가 행복하려면 자신과 주위를 자주 들여다보는 연습이 필요합니다. 모두 함께 사는 세상이니까요.

함께 읽은 그림책

《**너 왜 울어?**》 바실리스 알렉사키스 글, 장-마리 앙트낭 그림, 전성희 옮김 | 북하우스
《**이유가 있어요**》 요시타케 신스케 글·그림, 김정화 옮김 | 봄나무

> 숲에게 묻다
> 숲놀이

네 발로 걸을래요

장다인이라는 아이가 갑자기 손바닥으로 땅을 짚으며 네 발로 산을 기어오르기 시작했습니다. 숲놀이를 오래했지만 숲에서 네 발 걷기를 시도한 아이는 처음 만났습니다. 잠시 그러다 말겠지 했는데 꽤 오랫동안 그렇게 걷는 것입니다. 다리가 긴 까닭에 네 발로 어기적거리면서 걷는 게 영 폼이 나질 않았지요. 그래도 친구들은 재밌어 보였는지 두 명이 더 합세를 했습니다. 나는 그러려니 여기고 다른 아이들과 앞서 나갔습니다.

풀잎 하나를 따 입에 물었습니다. 풀피리를 불기 위해서지요. 풀피리를 불기 시작하면 너나 할 것 없이 다 도전하기 마련입니다. 풀잎에서 산새 소리가 난다는 건 꽤 매력적인 일이니까요.

아이들이 내 주위로 빙 둘러서서는 풀피리를 불려고 애쓰는데, 뒤쳐졌던 다인이가 저 멀리서 여전히 네 발로 기어오고 있었습니다. 함께 네

발 걷기를 한 친구들은 재미없었는지 다인이 혼자만 남았습니다. 왜 네 발로 걷는지 물었습니다.

"힘들지 않아?"

"안 힘들어요."

"왜 네 발로 가는 건데?"

"그냥요."

아이들은 생각하는 것을 명료하게 표현하는 일에 서툽니다. 말하는 것이 힘들 땐 얼버무리거나 동떨어진 이야기를 하는 경우도 많습니다. 궁금한 마음을 접고 앞서가는데 다인이가 나를 부르더니 물었습니다.

"촌장님, 이렇게 손바닥으로 계속 다니면 내 손도 곰발바닥처럼 될까요?"

"당연하지."

나는 깊게 생각하지 않고 대답했습니다. 내가 쓴 그림책《엄마, 숲에 다녀왔어요》에 나오는 이야기 같았거든요. 그리고 물어보았지요.

"너, 곰이 되려고?"

다인이는 대답하지 않고 다시 네 발로 걸었습니다. 깊은 뜻은 모르겠지만 그래도 어렴풋이 헤아려 볼 수는 있었습니다. 나는 머리로 글을 썼지만 다인이는 스스로 곰이 되어 버렸네요. 내가 아무리 작가라고 해도 어린이의 마음을 따라잡는 건 쉬운 일이 아니구나, 싶었습니다. 다인이의 네 발 걷기를 빤히 보면서도 왜 그렇게 하는지를 전혀 눈치채지 못한 것을 보면 말입니다.

숲에게 묻다
그림책 읽기

숲에서 찾아야 할 것

오래된 서양 그림책 중에는 숲을 배경으로 한 그림책이 참 많습니다. 헨젤과 그레텔이 걸어갔던 길도, 빨간 모자가 할머니를 만나러 갔던 길도 숲길입니다. 이야기 세상을 통해서 만나게 된 숲은 아이들에게 상상의 놀이터가 되고, 모험을 떠나는 무대가 됩니다. 수많은 동식물이 살아가는 터전이고, 365일 변화를 멈추지 않는다는 사실에 호기심이 생기기도 합니다. 때로는 그 사실이 두려워지기도 하고요.

숲은 품이 넓습니다. 그리고 다양한 얼굴을 갖고 있습니다. 숲으로 들어가기 전에는 긴장되고, 두렵다가도 막상 그 속으로 들어가면 편안해집니다. 그래서 숲은 무의식의 세계라고도 합니다. 마주 보기 어려운 무의식의 세계, 하지만 받아들이고 나면 그보다 더 자유로울 수 없는 곳이라는 의미이지요. 날마다 새로운 숲은 모험을 좋아하고 호기심이 많은 아이들에게 더할 나위 없는 놀이터입니다. 그리고 경쟁 사회에서는

그리고 남대문놀이를 했습니다.

《숲 속에서》

볼 수 없는 삶의 질서를 배우는 곳입니다. 변해야 하는 것과 지켜야 하는 것을 배우기도 하고요. 숲은 이렇게 많은 의미를 품고 있습니다.

도깨비마을 숲길은 마리 홀 에츠의 그림책 《숲 속에서》에 나오는 숲길과 닮았습니다. 이 그림책에서는 종이 모자를 쓰고 나팔을 불며 숲속을 산책하는 주인공 아이가 여러 동물 친구들을 차례로 만납니다.

낮잠 자던 사자, 아기 코끼리, 커다란 곰, 그리고 캥거루 가족, 황새, 작은 원숭이 두 마리, 마지막으로 토끼도 만납니다. 나팔을 부는 주인공

그러고 나서 우리는 숨바꼭질을 했습니다. 나는 술래가 되었고, 내 친구들은 모두 숨었습니다. 토끼만 빼고요. 토끼는 여전히 가만히 있었습니다.

을 따라 동물 친구들이 줄을 서서 행진을 합니다. 숲속 산책을 마치고 맛있는 간식을 먹은 뒤에 둥글게 서서 수건돌리기, 남대문놀이, 숨바꼭질을 합니다. 술래인 주인공 아이가 "찾는다." 하고 소리치며 눈을 뜹니다. 그런데 동물 친구들은 하나도 보이지 않고, 그곳에 아빠가 있습니다. 아빠가 나를 찾았던 거지요. 아빠가 누구에게 말한 거냐고 묻자 "숨어 있는 친구들에게."라고 답합니다. 그러자 아빠는 "너무 늦었어. 집으로 돌아가자. 네 친구들은 네가 다시 올 때까지 기다릴 거야."라고 말합니다.

상상의 세계에서 현실의 세계로 돌아가는 마지막이 어쩌면 이리 멋질까요? 아이의 세계를 이해하고 받아 주는 아빠가 있어 아이는 더 큰 꿈을 꿀 수 있을 테지요. 아이들은 놀이를 통해 성장하거든요. 다음번에는 숲에서 동물이 되어 함께 어울리는 상상을 할지도 모릅니다. 다인이가 곰이 되기를 꿈꾸는 것처럼요.

노란색 유치원 버스에서 아이들이 내립니다. 아이들은 길게 줄을 서서 숲길을 따라 올라갑니다. 꽁무니에 뒤처지는 아이 두 명이 풀숲에서 까치수염을 뜯어 입으로 가져갑니다. 까치수염을 따 먹은 두 아이는 금세 노루와 토끼로 변합니다. 풀피리를 예쁘게 분 나리는 꾀꼬리가 되어 높은 나무 위로 포로롱 날아갑니다. 쪼르르 나무 타기를 잘하는 민수는 다람쥐가 되고, 땅바닥에 난 구멍을 열심히 들여다보던 호섭이와 태형이는 오소리와 너구리가 됩니다. 산초나무 이파리를 가만히 만진 희진이는 호랑나비가 되고, 참방참방 물놀이하던 영래와 호형이는 물장구치는 곰이 되고, 수달이 됩니다. 물놀이하는 친구들을 야단치는 선생님은 매가 되어 아이들을 감시합니다.

김성범이 쓰고 한호진이 그린 그림책 《엄마, 숲에 다녀왔어요》에서는 아이들이 동물로 변신하여 우리 스스로가 자연임을 보여 줍니다. 노루와 토끼가 되어 숲속을 뛰어다니는 두 아이와 꾀꼬리 같은 목소리로 노래를 부르는 나리, 다람쥐처럼 나무 타기를 잘 하고 싶은 민수, 호랑나비가 되어 꽃 위를 나폴나폴 날아다니고 싶었던 희진이와 시원스럽게 물놀이를 하고 싶었던 영래와 호형이는 스스로 숲과 자연이 되어서 마음껏 돌아다녔을 겁니다.

《엄마, 숲에 다녀왔어요》

　아이들은 현실로 돌아온 뒤에도 숲에서 주워 온 갖은 열매들을 가지고 놉니다. 그리고 다시 숲으로 스르르 빠져 들어갑니다. 숲에서 주워 온 솔방울과 나무 열매가 마법의 세계로 들어가는 열쇠니까요.
　《엄마, 숲에 다녀왔어요》의 마지막 장면처럼 아이들은 엄마와 집으로 돌아가면서도 숲에서 변신했던 흔적을 금세 지우지는 못합니다. 어느새 현실로 돌아왔지만 상상력은 여전히 작동하기 때문이지요. 이렇게 아이들은 숲에서 놀면서 상상력의 크기를 넓혀 갑니다. 숲은 아이들의 세상을 품어 주는 상상력의 보고와 같은 곳입니다.

함께 읽은 그림책

《**숲 속에서**》 마리 홀 에츠 글·그림, 박철주 옮김 | 시공주니어
《**엄마, 숲에 다녀왔어요**》 김성범 글, 한호진 그림 | 상상의힘

숲놀이
숲에게 묻다

엄마, 화장실 가도 돼요?

도깨비마을 산 중턱에 혼자 앉아 있으면 아이들이 올라오는 것을 금세 알 수 있습니다. 갑자기 왁자지껄 시끄러워지니까요. 그런데 오늘, 최고야 유치원 아이들이 스파이처럼 조용히 나타났습니다. 아이들을 기다리던 나는 혼잣말을 합니다.

"이상한 선생님과 함께 왔겠구먼!"

나는 노란 옷을 입고 줄줄이 나타난 아이들을 맞이합니다. 선생님이 아이들에게 상냥하게 말합니다.

"돌멩이가 위험해요, 안 위험해요?"

"위험해요."

"그러니까, 돌멩이를 잘 보고 걸어야겠지요?"

"네!"

어린이들이 모두 바닥을 보고 걷습니다. 선생님의 선창에 어린이들

이 따라합니다.

"안 전 제 일!"

"안 전 제 일!"

어쩌면 이 아이들은 너무 소심한 어른으로 자라거나 숲을 싫어하는 사람이 될지도 모르겠다는 생각이 들었습니다. 선생님 말도 어찌나 잘 듣던지요. 제법 뜨거운 날씨였는데도 흐트러짐이 없었습니다. 물을 마실 때도 차례차례 순서를 잘 지켰고요. 그런데도 선생님은 어찌나 무섭게 굴던지요.

"너! 누가 물을 두 번 마시라고 했어!"

아마도 물을 두 번 마신 아이가 있었던 모양입니다. 갑작스러운 상황에 내 머릿속도 혼란스러워졌습니다. 왜 물을 두 번 마시면 안 되는 거지? 그게 그리 혼낼 일인가? 그런데 그 선생님은 사진 찍기는 참 좋아했습니다. 날씨도 좋고, 꽃도 활짝 피었으니 예쁘게 나오기는 하겠지요.

"자, 다들 웃어 봐. 스마일. 거기 웃으라니까!"

이 사진이 아이들이 땡볕에 줄을 서서 기다렸다가 찍은 사진이라는 걸 부모님들은 알까요? 우리 아이가 잘 나온 사진을 찾기보다는 우리 아이가 빠져 있는 사진이 진짜 아닐까요? 아마 그 시간에 다른 곳에서 친구들과 재밌게 놀고 있었을 테니까요.

조용하고, 얌전하고, 뛰지 않고, 깨끗한 아이는 어쩌면 어른의 요구에 맞춰진 아이일 수도 있습니다. 어른이 시키는 대로 땅만 보고 걷고, 말을 안 하고, 조용하고, 줄 잘 서고, 물은 한 번만 마실 줄 알고, 예쁘게 잘 웃는 아이로 지내다 보면 서서히 자기 생각도 없어지지 않을까요? 결국 이렇게 물을지도 모르겠어요.

"엄마, 화장실 가도 돼요?"

숲에게 묻다
그림책 읽기

가시를 없애 버린 아이들

도서관에서 일할 때였습니다. 유치원에서 단체 방문을 오기로 한 날이었어요. 참새처럼 재잘거리는 아이들을 만날 생각을 하니 아침부터 설레었습니다. 어떤 그림책을 읽어 줄까 생각하며 이 책 저 책 고르느라 혼자서 한껏 즐거웠지요. 《내 동생 싸게 팔아요》라는 그림책을 골랐습니다.

"동생 팔고 싶은 사람 있어요?" 하고 물었더니 모두가 "아니요."라고 대답합니다. "동생이 얄미운 적은 없나요?" 하고 물었더니 이번에도 "네."라고 대답합니다. 그때 여기저기서 동생을 귀여워하고 잘 돌봐 줘야 한다고 예의 바르게 대답합니다. 순간 당황스러웠습니다. 왠지 어린이답지 않다는 생각이 들었거든요. 어린이의 마음속에서 무엇인가를 덜어 낸 느낌이었습니다.

도시 '올'에 사는 고슴도치들은 지켜야 할 게 많아요. 예를 들어 매일 아침 '가시부드럽게비누'로 거품 목욕을 해야 하고, 모든 학생은 등굣길에 가시 정밀 검사를 받아야 하지요. 뾰족 가시 개수에 따라 '교양 있는 가시 교육'을 따로 받아야 합니다. 고슴도치 엑스와 몇몇을 뺀 대부분 고슴도치들의 가시는 부드럽습니다.

어느 날, 고슴도치 엑스는 남아 있던 뾰족한 가시로 친구 세 명을 기절시킨 벌로 도서관 청소를 하지요. 그러다 꽁꽁 싸매 놓은 책 한 권을 발견합니다. 책을 펼치니 아주 오래 전 전설적인 고슴도치 이야기가 있었어요. 뾰족한 가시로 막힌 물줄기를 뚫은 이야기였어요. 이 이야기에 큰 감동을 받은 엑스는 그날부터 고슴도치의 본래 모습인 뾰족한 가시 만들기에 온 힘을 쏟습니다.

빨갛게 곤두선 가시를 되찾은 고슴도치 엑스는 더 이상 '올'에서 살 수 없게 되자 축축하고 부드러운 감촉을 느낄 수 있는 숲으로 돌아갑니다. 통제와 금기 속에서도 자신의 모습을 찾아가는 그림책《고슴도치 X(엑스)》의 이야기입니다.

재잘거리는 소리를 내지 않고 스파이처럼 조용히 걸어 올라오는 아이들이 마치 안전하고 세련된 도시 '올'에 살며 '가시부드럽게비누'나 '교양 있는 가시 교육'을 받은 고슴도치처럼 느껴졌습니다. 교육이라는 이름 아래 정해진 규칙을 벗어날 생각을 해 보지도 못하는 아이들이 떠올라서 마음이 무겁습니다.

고슴도치가 고슴도치로 살기 위해서 가장 필요한 것은 뾰족한 가시입니다. 하지만 이 가시를 허용하지 않는다면 고슴도치는 어떻게 살아가야 할까요? 부드러운 가시를 지니면 고슴도치라고 할 수 있을까요? 마찬가지로 아이들이 마음껏 뛰어놀고, 스스로 생각하고, 넘어지고 다치면

뾰족해질 거야, 요호호!

《고슴도치 X(엑스)》

서 스스로를 알아 가고, 튼튼한 몸과 마음을 만들 기회조차 앗아 가 버리는 현실이 너무 안타깝습니다.

    무엇을 위한 교육이고, 어린이들은 무엇을 위해 존재하는 것일까요? 우리 모두 돌보기 편하도록 얌전한 어린이를 원하는 것은 아닐까요? 어린이가 어른에게 일갈하는 《완벽한 아이 팔아요》라는 그림책을 읽어 봅니다.
    어느 화창한 날, 뒤프레 부부는 대형 마트에서 아이를 샀습니다. 수

《완벽한 아이 팔아요》

많은 아이들 중에서 '완벽한 아이'를 말이지요. 그렇게 가족이 된 바티스트는 부모님 말씀을 잘 듣는 완벽한 아이였어요. 냉장고가 비어 있어도 "괜찮아요, 엄마. 밥은 내일 먹으면 되죠, 뭐."라고 말하는 아이였습니다. 뒤프레 부부는 정말로 흐뭇했습니다.

그러던 어느 날, 엄마 아빠가 학교 축제 날짜를 헷갈리는 바람에 바티스트에게 꿀벌 복장을 입혀 학교에 보냈습니다. 그리고 바티스트는 친구들에게 창피를 당합니다. 완벽한 아이는 집에 들어서자마자 부모님께 소리를 질렀습니다. 그러자 엄마와 아빠는 마트를 찾아가서 바티스트의 태도에 대해 항의합니다. 수리를 맡겨야 하는 상황에서 점원이 바티스트에게 묻습니다.

"새 가족이 마음에 드니?"

바티스트는 대답합니다.

"마음에 들긴 하지만……. 혹시 저한테도 완벽한 부모님을 찾아 주실 수 있나요?"

완벽한 부모는 없냐고 묻는 아이의 질문에 순간 온몸이 긴장되었습니다. 늘 덤벙대고 잊어버리고 실수투성이인 내 모습이 떠올랐기 때문입니다.

완벽한 아이가 없듯이 완벽한 부모나 선생님 또한 없습니다. 아이들이 줄을 좀 비뚤게 서면 어떻습니까. 물을 한 번 더 마시면 어떻습니까. 돌멩이에 걸려 넘어지면 어떻고, 시끄럽고 더럽고 말썽 좀 피우면 어떻습니까. 아이를 아이답게 키우는 것이 어른이 할 수 있는 가장 멋진 일이라고 생각합니다. 일본 아동 문학가이자 도쿄어린이도서관 설립자인 이시이 모모코石井桃子가 한 말을 옮겨 봅니다.

어린이들이여, 어린이 시간을 듬뿍 즐기세요.
어른이 되고 노인이 되어 당신을 지켜 주는 것은 어린 시절의 당신입니다.

어린이에게 어린이 시간을 돌려주는 것이 우리 어른들의 가장 큰 과제입니다.

함께 읽은 그림책
《**고슴도치 X(엑스)**》 노인경 글·그림 | 문학동네
《**완벽한 아이 팔아요**》 미카엘 에스코피에 글, 마티외 모데 그림, 박선주 옮김 | 길벗스쿨

> 숲에게 묻다
> 숲놀이

밤송이야, 사랑해. 정말정말 사랑해!

도깨비마을 숲놀이터에는 커다란 밤나무가 한 그루 있습니다. 밤이 익으면 그 아래에 모여 밤송이도 까고, 알밤도 줍는 소중한 나무이지요. 물론 유아들에게는 위험하기도 합니다. 함부로 밤송이를 만졌다가 찔려서 우는 아이도 생기니까요. 오늘은 이 밤송이 이야기를 해 보겠습니다.

아이들이 밤나무 주위에 둥그렇게 모여 섰습니다. 가운데에는 시퍼렇게 가시를 세운 서슬 퍼런 밤송이가 있지요. 나는 밤송이한테 말했습니다. 온 정성을 다해서 말했지요.

"밤송이야, 사랑해. 정말정말 사랑해!"

그리고 밤송이를 두 손으로 살며시 모아 올렸습니다. 동그랗게 모인 아이들 손에서 손으로 밤송이를 한 바퀴 옮기면 미션 성공입니다. 먼저 내 옆에 있는 아이가 두 손을 모아서 밤송이를 받을 준비를 했습니다. 나는 아주 조심히 밤송이를 옮겼지요. 아이는 갖은 인상을 다 찌푸립니

다. 온몸은 딱딱하게 굳고, 어깨에 잔뜩 힘이 들어갑니다. 그때 다시 한 번 말합니다.

"밤송이야, 사랑해. 정말정말 사랑해!"

아이들도 함께 따라하면서 조금씩 어깨의 긴장도 풀려 갑니다. 다음 아이의 두 손에 무사히 밤송이를 옮겼습니다. 까슬까슬한 가시 느낌이 보드라운 아이의 손에서 온몸으로 퍼져 나가겠지요. 다시 옆으로 옮겨집니다. 그런데 바라보는 아이는 조금 두려웠나 봅니다.

"싫어! 안 할래."

그 아이를 보며 생각했습니다.

'그래그래. 용기가 생길 때 다시 하면 되지.'

덕분에 다음 친구한테는 차례가 빨리 돌아왔고, 용감하게 외칩니다.

"밤송이야, 사랑해. 정말정말 사랑해!"

몸과 목소리에 잔뜩 힘이 들어갔지만, 의연하게 밤송이를 받아 옆 친구에게 옮겼습니다. 그런데 밤송이에서 빨리 벗어나고 싶었나 봅니다. 다음 친구의 손에 밤송이를 던지듯 놔 버렸습니다.

"으앙!"

결국 다음 아이는 울음을 터뜨렸고, 밤송이 한 바퀴 옮기기는 실패로 끝났습니다. 가시투성이인 밤송이를 조심스럽게 다루는 마음도, 상대방에게 옮길 때의 배려도, 어린이에게는 아직 어려운 일입니다. 하지만 언젠가는 밤송이 옮기기의 깊은 뜻까지 헤아릴 날이 오겠지요. 뾰족뾰족한 밤송이 안에 참말로 예쁜 알밤이 들어 있다는 것까지도요.

사랑이라는 마법의 말

'사랑'이라는 말은 듣기만 해도 기분이 좋아집니다. 나는 무뚝뚝한 경상도 부모님 밑에서 말보다는 마음으로 주는 사랑을 받고 자랐어요. 그래서 늘 나폴나폴 사랑한다는 말이 귓가로 날아오기를 기다렸습니다. 그래서인지 "사랑해."라고 말하는 것을 참 좋아합니다. "사랑해."라는 말 속에는 마법이 섞여 있는지도 모릅니다. 마음이 말랑말랑해지는 걸 보면요.

한 소녀가 아기 오리 한 마리를 두 손에 올려놓고 서로 눈을 마주 보고 있습니다. 그림책 《사랑은》의 표지입니다. 사랑은 이렇게 서로 눈 맞추는 거라고 말하는 듯합니다.

아기 오리가 나비를 쫓다 공원 밖으로 나와 버렸네요. 이를 본 어린 소녀가 길 잃은 아기 오리를 집으로 데려와 정성껏 보살핍니다. 소녀의 사랑은 이렇게 솜털 보송보송한 어린 생명을 보살피는 데서 시작합니다.

《사랑은》

　소녀는 아기 오리가 꽥꽥 울어 대자, 한밤중에도 일어나 밥을 주고 품에 꼭 안아서 재웁니다. 그러다 보니 낮에는 잠이 부족해 꾸벅꾸벅 좁니다. 목욕을 시키려고 하면 이리저리 도망을 다녀서 온 집 안이 난장판이 됩니다. 말썽을 피우는 아기 오리에게 마음이 상하기도 하지만 평화로울 수 있는 것은 바로 사랑 때문이지요. 목소리만 들어도 서로를 찾을 수 있게 되었으나 어느새 아기 오리는 자라서 세상 밖으로 날아가고 싶어 합니다.

소녀는 아기 오리를 연못으로 보냅니다. 잘 가라고 빌어 주는 것도 사랑이니까요. 연못으로 보냈지만 자꾸만 아기 오리가 보고 싶습니다. 사랑은 설렘과 기쁨을 가져다주지만 기다림과 이별도 감당해야 하는 일인가 봅니다.

이 그림책을 보며, 꼭 안아 주어야 할 때가 있듯 놓아 주어야 할 때를 아는 것도 사랑임을 깨닫습니다. 사랑은 나누고, 견디고, 보내고, 그리워하고, 기억하고, 다시 만나면 더욱 좋은 것, 바로 그런 것인가 봅니다.

"사랑해. 정말정말 사랑해!" 듣고 또 들어도 싫지 않은 말입니다. 뾰족뾰족 가시가 돋아난 밤송이에게 "사랑해."라는 마법을 거는 아이들의 모습을 상상하니 제 호흡마저도 조심스러워집니다. 사랑은 믿음이라는 생각이 듭니다. "'사랑해'라고 말하면 가시가 솜털이 될 거야."라고 밤송이를 믿는 마음처럼요. 겁이 나서 뾰족한 밤송이를 던지듯 옆 친구에게 넘겨준 아이에게는 믿음보다 두려움이 조금 더 컸나 봅니다. 믿음이 깨지면 모든 것이 다 깨져 버리잖아요. 사랑에도 힘 조절이 필요하지요. 밤송이와 사랑을 나누려면 아주 조심스러워야 한다는 것을 아이들은 느꼈을 것입니다.

이처럼 사랑은 나와 너의 관계 맺기에서 시작됩니다. 그리고 자기도 알 수 없는 새로운 마음이 들어차는 것이지요. 말로는 다 표현할 수 없는 신비로운 것입니다.

길에 사는 고양이가 있습니다. 우리가 흔히 '길 고양이'라고 부르는

《냐옹이》

집도 주인도 없고, 이름도 없는 고양이입니다. 사람들은 대부분 길 고양이를 싫어합니다. 배고프고 외로운 이 고양이도 사람들이 싫습니다. 고양이는 사람뿐만 아니라 모든 것이 다 싫습니다. 수다스러운 새도, 방정맞은 개도, 고양이를 아는 체하는 소년들도 싫습니다. 도무지 마음에 드는 것이라고는 없습니다. 그중에서도 비가 오는 것이 정말 싫습니다. 어느 비 오는 날, 한 소년이 나무 벤치 아래에서 비를 피하는 고양이를 발견하고 말을 겁니다.

"안녕! 냐옹아······."

고양이는 소년이 마음대로 자기를 냐옹이라고 부르는 것이 마음에 들지 않습니다.

"쳇, 누가 냐옹이라는 거야?"

소년은 자기 우산을 야옹이가 비를 피하던 벤치에 씌워 주고 뛰어갑니다. 비가 오는 것을 제일 싫어하는 냐옹이를 위해 우산을 씌워 준 소년의 마음이 냐옹이의 마음을 움직이게 했을까요?

바람이 불어 산책하기 좋은 날, 냐옹이는 벤치에 올라앉아 누군가를 기다립니다. 냐옹이 마음의 변화는 빨간 벤치 색깔과 풍성하게 우거진 나무와 더불어 환해진 그림에 잘 드러나 있습니다. 궁금한 것을 정말 싫어하는 고양이지만 우산을 씌워 준 소년이 궁금해집니다. 냐옹이의 눈 속에는 이미 그리움이 가득합니다. 냐옹이의 마음이 자꾸만 변해 갑니다. 이제까지 정말 싫다고 생각했던 것들이 점점 싫지 않습니다. 시끄럽게 울어 대는 새 소리도 들리지 않습니다. 냐옹이는 소년이 "냐옹아." 하고 부르는 소리에 귀 기울입니다. 앞으로는 둘이 함께하겠지요.

냐옹이의 마음을 변하게 한 힘은 무엇일까요? 바로 비를 싫어하는 냐옹이에게 베푼 소년의 사랑이지요. 그 작은 사랑이 냐옹이의 많은 것을 바꾸어 놓았습니다.

밤송이를 건네줄 때 상대방이 아프지 않도록 최대한 조심조심 움직이는 마음은 밤송이를 건네받는 친구의 마음을 움직이게 합니다. 그 마음을 잘 받아 다시 옆에 있는 친구에게 건네주겠지요. 손에서 손으로 사랑이 전해지는 순간입니다. "사랑해, 사랑해." 숲속 가득 마법이 일어납니다. 이미 밤송이부터 변하기 시작했을 겁니다.

함께 읽은 그림책

《**사랑은**》 다이앤 아담스 글, 클레어 키인 그림, 이현진 옮김 | 나는별
《**냐옹이**》 노석미 글·그림 | 시공주니어

숲놀이 숲에게 묻다

우리, 숲에게 물어보아요

개구리뿐만 아니라 메뚜기나 사마귀 등 곤충을 잡았을 때 죽이는 것을 재밌어 하는 어린이들이 있습니다. 특히 무당개구리는 죽여야 하는 대상이라고 생각하기도 합니다. 독이 있다고 알려져 있으니까요. 오늘의 주동자는 바로 한생명이라는 아이인데요, 죽이기 놀이에 천부적인 재능이 있는 아이라는 생각마저 들었습니다.

"야, 이것 봐라, 이것 봐!"

무당개구리 한 마리가 물 밖으로 나왔다가 한생명의 눈에 띄고 말았습니다.

"죽여, 죽여!"

한생명은 여지없이 막대기를 들고 개구리를 쫓았고, 개구리는 애처롭게도 허둥지둥 도망 다녔습니다. 다른 아이들도 모여들더니 함께 개구리를 쫓아다녔지요.

"너희들 뭐하는 거야?"

내 큰 목소리에 모두들 제자리에 멈춰 섰습니다. 개구리를 왜 죽이냐고 물으니 모두들 저마다의 핑계를 대고는 여기저기로 흩어집니다. 결국 한 생명만 남아 막대기를 아래로 늘어뜨려 개구리를 툭툭 건드립니다.

"아직 살았는데요."

나는 너무 화가 난 나머지 속 좁게도 이렇게 말하고 말았습니다.

"넌 다음에 개구리로 태어날 거야."

옆에서 지켜보던 숲선생님이 답답해 보였는지 아이들에게 생태계의 순환 고리에 대해 이야기해 줍니다.

물론 우리 어렸을 때를 떠올리면 그다지 심각한 일이 아닐 수도 있습니다. 풍뎅이 목을 비틀어 '마당 쓸기', 잠자리 꽁지를 잘라내고 풀줄기를 꽂아 '시집 보내기', 새 둥지에서 알 털어 내기 등을 하며 놀았으니까요. 하지만 지금은 누구보다 환경을 걱정하고 생명을 존중하는 어른이 된 나를 보니 아이러니하기도 합니다. 어린이들이 개구리를 죽이는 것도 생명을 이해해 가는 과정이라는 생각도 들지만 마음이 무거워지는 건 어쩔 수 없네요.

그래, 한생명! 우리 어떡해야 하는지 숲한테 물어보자!

"숲님! 이 세상 어린이들과 즐겁고 평화롭게 살고 싶습니다. 어떻게 하면 더 지혜로워질 수 있는지 도와주세요."

숲에게 묻다 그림책 읽기

모든 목숨은 소중한 것

학생이 있는 집은 아침이 거의 전쟁터입니다. 무엇보다 아침잠이 많은 아이를 깨우는 것은 정말 힘든 일이지요. 학교 갈 시간이니 알아서 일어나면 좋으련만 왜 아침마다 일어나라는 소리를 수십 번 하게 만드는지 알 수가 없습니다. 잔소리를 하다하다 힘들면 불쑥 "너도 나중에 너랑 똑같은 자식 낳아서 키워 봐라."라고 말해 버리곤 합니다. 소심한 복수이지요. 개구리를 괴롭히는 아이들에게 "넌 다음에 개구리로 태어날 거야."라고 말한 촌장님의 답답한 마음을 가늠해 봅니다. 동물을 괴롭히는 아이에게 동물의 입장이 되어 그 마음을 느껴 보게 하는 것도 좋은 방법이겠지요. 하지만 사람들끼리도 입장 바꾸기가 이렇게 힘든데 동물의 마음이 되어 이해한다는 건 더욱 쉽지 않겠지요.

그림책 《우리 여기 있어요, 동물원》에는 동물원에 사는 동물들의 존재론적 고뇌가 절절하게 그려져 있습니다. 스스로 원해서 동물원에 사

《우리 여기 있어요, 동물원》

는 것이 아닌 터라 삶의 생존 방식과 절규가 애달프게 그려집니다.

이를 테면 붉은 다리를 가진 홍학은 이렇게 고백합니다. "꿈은 단지 꿈일 뿐 현실을 인정하세요.", 사육사에게 먹이를 받아먹는 물개가 말합니다. "사육사가 시키는 대로 하세요. 한번 미움을 받으면, 지내기 힘들어집니다." 입을 꾹 다문 돌고래가 말합니다. "이빨을 보이지 않게 잘 숨기세요. 뾰족한 이빨이 발견되면 다음 날 뽑아 버릴 수도 있어요."

가장 마음이 철렁했던 부분은 새끼들에게 똑같은 운명을 물려줄 수 없으니 연애만 하고 새끼는 갖지 말라는 기린의 충고입니다. 어른들은 늘 작은 생명이라도 존중해야 한다고 아이들에게 가르칩니다. 그럼 동물원에서 사는 동물들은요? 우린 지금 중요한 사실을 외면하고 사는 건 아닐까요?

동물이 동물답게 사는 것은 어떤 것일까 생각해 봅니다. 먹고 먹히는 생태계의 법칙은 잘 유지되어야 하지만, 사람들의 오락을 위해서 동물들이 희생되어서는 안 되지요. 홍학이 홍학답게, 물개가 물개답게 살면 좋겠습니다. 그것이 바로 평화가 아닐까요? 모두에게 하나뿐인 목숨은 가장 귀하니까요.

하마다 케이코가 쓰고 그린 《평화란 어떤 걸까?》에는 이런 글이 나옵니다. 또박또박 읽어 봅니다.

목숨은 한 사람에게 하나씩,
오직 하나뿐인 귀중한 목숨.
그러니까 절대
죽여서는 안 돼.
죽임을 당해도 안 돼.
무기 따위는 필요 없어.

사람이든 동물이든 식물이든 목숨은 하나밖에 없습니다. 어떤 이유에서든 소중하게 다루어져야 합니다. 목숨은 다시 되돌릴 수 없으니까요. 가벼이 여겨도 되는 목숨은 하나도 없습니다. 많은 기대와 설렘 속에서 한 생명이 태어났으니까요.

네가 태어난 그날 밤,
달은 깜짝 놀라며 웃었어.
별들은 살그머니 들여다봤고
밤바람은 이렇게 속삭였지.
"이렇게 어여쁜 아기는 처음 봐!"

정말이지, 지금껏 이 세상 어디에도
너같이 어여쁜 아이는 없었단다.

《네가 태어난 날엔 곰도 춤을 추었지》는 이렇게 시작합니다. 한 생명의 탄생을 하늘에 있는 달과 별이 바라보며 즐거워해 주고 바람과 비는 아기의 이름을 바다와 숲까지 전해 줍니다. 온 세상이 아기의 탄생을 축하했어요. 북극곰은 너무 기뻐서 새벽이 올 때까지 춤을 추었고, 기러기들이 멀리서 돌아오고, 무당벌레도 얌전히 기다려 주었습니다. 잔치도 이런 잔치가 없어요. 제 첫아이를 처음으로 품에 안았을 때의 감흥이 생각납니다. 온 식구들이 아기의 이름을 부르며 기뻐해 주었지요. 아기의 이름을 부르는 어른들의 목소리는 달콤한 포도주 같았어요. 아기 한 명을 둘러싸고 이렇게 많은 사람들이 웃을 수 있다는 사실이 너무 신기했지요. 이렇게 우리는 모두 누군가의 간절한 기다림으로 이 세상에 왔습니다. 오랜 세월 동안의 소망으로 세상에 태어난 것입니다.

우리 아기가 귀한 존재이듯, 개구리도 매미도 귀한 존재입니다. 내가 소중하듯 당신도 소중합니다. 우리는 모두 소중합니다. 하나밖에 없는 목숨을 우리가 사람이라고 해서 함부로 할 자격은 없습니다. 그것이 잠

《네가 태어난 날엔 곰도 춤을 추었지》

자리든 매미든 개구리든 그 무엇이든 말이지요.

태어나기 위해 최선을 다한 것은 모두 똑같습니다. 어느 목숨이든 축복 속에 태어난 것도 똑같습니다. 그 태어남이 빛나도록 우리 모두가 서로 마주 보며 존중할 줄 알면 참 좋겠습니다.

글을 쓰다 보니 어쩐지 사람이어서 참 미안한 마음이 듭니다.

함께 읽은 그림책

《우리 여기 있어요, 동물원》 허정윤 글, 고정순 그림 | 킨더랜드
《평화란 어떤 걸까?》 하마다 케이코 글·그림, 박종진 옮김 | 사계절
《네가 태어난 날엔 곰도 춤을 추었지》 낸시 틸먼 글·그림, 이상희 옮김 | 내인생의책

| 나가는 말 |

숲과 그림책은
닮았어요

몇 년 전 이른 봄, 숲에서 뛰어노는 아이들의 모습을 한나절 지켜볼 기회가 있었습니다. 아이들에게 말도 걸지 말고, 도움의 손길도 내밀지 말고, 지켜보기만 하라는 약속 아래였습니다. 그 약속은 저뿐만 아니라 거기에 있는 모든 어른들에게 똑같이 주어진 거였어요. 그곳은 누구의 지시도 없는 곳, 오로지 아이들 한 명 한 명의 의지만 있는 곳이었지요.

아이들은 숲속에서 자유롭게 모였다 흩어지기를 반복하면서, 스스로의 놀이에 빠져들었습니다. 삼삼오오 짝을 지어 계곡으로 들어가 해적 놀이를 하는 아이도 있고, 홀로 떨어져 나뭇가지에 나뭇잎을 차곡차곡 끼우는 아이도 있고, 풀밭에 누워 하늘을 보는 아이도 있었어요. 어른의 목소리가 개입되지 않아도, 지켜야 할 규칙이 없어도 그 모든 일은 부드럽게 흘러갔어요. 기다려 주는 어른이 있고, 의지대로 노는 아이들이 있으니 숲에서의 하루는 그야말로 자연스럽게 흘러갔습니다. 놀이를 마치고 숲 밖으로 나오는 길목에서 한 아이가 이렇게 인사를 했어요.

"숲 할아버지, 고맙습니다!"

그 순간, 뭐라 말할 수 없는 큰 감동이 온몸을 휘감았습니다. 그날 아이들의 반짝이던 얼굴, 놀라울 정도로 집중하는 모습, 숲 전체에 울려 퍼지던 웃음소리는 하나의 그림처럼 제 마음 깊숙한 곳에 저장되었습니다. 숲은 이런 힘을 가진 곳이구나 하고 깊이 깨달았지요.

시간이 흐른 어느 날, 그때 만났던 숲의 감동을 다시 만났습니다. 바로 그림책에서요. 아이들이 숲에서 보여 준 놀이와 에너지와 웃음을 그림책에서도 발견했어요. 숲과 그림책은 많은 부분이 닮아 있었어요. 저는 이 두 세계를 엮어 보고 싶었습니다.

내가 감동한 순간을 글로 다 담아내는 것은 쉬운 일이 아닙니다. 혹시 그때 느꼈던 감동을 다 담지 못한 글을 세상에 내보내는 건 아닌지 걱정이 앞서기도 합니다.

그럼에도 이 책을 쓰면서 놓치지 않았던 화두는 바로 '어린이'입니다. 어린이의 마음으로, 어린이의 눈으로, 어린이의 생각으로 세상을 바라보고 해석하면 세상이 조금은 살 만한 곳으로 바뀌지 않을까요? 어른들도 숲과 그림책과 친구가 되면 자신 안에 잠자는 어린이를 깨울 수 있지 않을까요?

이제 세상으로 나가는 이 책이 어린이가 행복한 세상을 꿈꾸는 어른에게, 그리고 우리 어린이에게 힘이 되기를 소망합니다.

2019년 9월

황진희

| 함께 읽은 그림책 목록 |

 둘 숲에서 찾는 행복 그림책

숲에서 나를 찾다

《비 오니까 참 좋다》 오나리 유코 글, 하타 고시로 그림, 황진희 옮김 | 나는별
《어디서나 빛나는 댄디라이언》 리지 핀레이 글·그림, 김호정 옮김 | 책속물고기
《소피가 속상하면, 너무너무 속상하면》 몰리 뱅 글·그림, 박수현 옮김 | 책읽는곰
《다니엘이 시를 만난 날》 미카 아처 글·그림, 이상희 옮김 | 비룡소
《빈 화분》 데미 글·그림, 서애경 옮김 | 사계절
《널 만나 다행이야》 콜린 톰슨 글·그림, 박수현 옮김 | 책읽는곰
《소피가 화나면, 정말 정말 화나면》 몰리 뱅 글·그림, 박수현 옮김 | 책읽는곰
《귀신안녕》 이선미 글·그림 | 글로연
《빨간 벽》 브리타 테켄트럽 글·그림, 김서정 옮김 | 봄봄
《구덩이》 다니카와 슌타로 글, 와다 마코토 그림, 김숙 옮김 | 북뱅크
《벤의 트럼펫》 레이첼 이사도라 글·그림, 이다희 옮김 | 비룡소
《에드와르도 세상에서 가장 못된 아이》 존 버닝햄 글·그림, 조세현 옮김 | 비룡소
《벽》 정진호 글·그림 | 비룡소
《게으를 때 보이는 세상》 우르슐라 팔루신스카 글·그림, 이지원 옮김 | 비룡소
《지난 여름》 김지현 글·그림 | 웅진주니어

숲에게 위로를 받다

《엄마가 안아 줘!》 솔다드 브라비 글·그림, 김현아 옮김 | 한울림어린이
《엄마가 오는 길》 모토시타 이즈미 글, 오카다 치아키 그림, 김소연 옮김 | 천개의바람
《엄마 왜 안 와》 고정순 글·그림 | 웅진주니어
《쨍아》 천정철 시, 이광익 그림 | 창비
《잘 가, 작은 새 : 세상에서 가장 아름다운 장례식》 마거릿 와이즈 브라운 글, 크리스티안 로빈슨 그림, 이정훈 옮김 | 북뱅크
《토끼야, 토끼야》 피터 매카티 글·그림, 지혜연 옮김 | 시공주니어
《할아버지의 바닷속 집》 히라타 겐야 글, 가토 구니오 그림, 김인호 옮김 | 바다어린이
《하늘을 나는 사자》 사노 요코 글·그림, 황진희 옮김 | 천개의바람
《문제가 생겼어요!》 이보나 흐미엘레프스카 글·그림, 이지원 옮김 | 논장
《울음소리》 하수정 글·그림 | 웅진주니어
《커다란 포옹》 제롬 뤼예 글·그림, 명혜권 옮김 | 달그림
《무릎딱지》 샤를로트 문드리크 글, 올리비에 탈레크 그림, 이경혜 옮김 | 한울림어린이
《고릴라》 앤터니 브라운 글·그림, 장은수 옮김 | 비룡소
《호랑나비와 달님》 장영복 글, 이혜리 그림 | 보림
《까마귀 소년》 야시마 타로 글·그림, 윤구병 옮김 | 비룡소
《딸기》 신구 스스무 글·그림, 김루희 옮김 | 한솔수북
《아빠와 피자놀이》 윌리엄 스타이그 글·그림, 김경미 옮김 | 비룡소
《나는 아빠가》 안단테 글, 조원희 그림 | 우주나무
《삼촌이 왔다》 김재희 글·그림 | 사계절

숲에게 묻다

《메두사 엄마》 키티 크라우더 글·그림, 김영미 옮김 | 논장
《나무는 아무 말도 하지 않는단다》 가타야마 켄 글·그림, 황진희 옮김 | 나는별
《너 왜 울어?》 바실리스 알렉사키스 글, 장-마리 앙트낭 그림, 전성희 옮김 | 북하우스
《이유가 있어요》 요시타케 신스케 글·그림, 김정화 옮김 | 봄나무
《숲 속에서》 마리 홀 에츠 글·그림, 박철주 옮김 | 시공주니어
《엄마, 숲에 다녀왔어요》 김성범 글, 한호진 그림 | 상상의힘
《고슴도치 X(엑스)》 노인경 글·그림 | 문학동네
《완벽한 아이 팔아요》 미카엘 에스코피에 글, 마티외 모데 그림, 박선주 옮김 | 길벗스쿨
《사랑은》 다이앤 아담스 글, 클레어 키인 그림, 이현진 옮김 | 나는별
《냐옹이》 노석미 글·그림 | 시공주니어
《우리 여기 있어요, 동물원》 허정윤 글, 고정순 그림 | 킨더랜드
《평화란 어떤 걸까?》 하마다 케이코 글·그림, 박종진 옮김 | 사계절
《네가 태어난 날엔 곰도 춤을 추었지》 낸시 틸먼 글·그림, 이상희 옮김 | 내인생의책

다음별 컬렉션 02
숲으로 읽는 그림책테라피
2020 아침독서 추천도서

초판 1쇄 펴낸날 2019년 10월 7일 | 2쇄 펴낸날 2020년 3월 7일

지은이 김성범·황진희
책임 편집 작은배 | 디자인 구민재page9
표지 그림 금요일(friday412) | 사진 김성범 | 제작 (주)웅진

펴낸곳 나는별 | 펴낸이 김수현 | 출판등록 제2014-000056호
주소 (우)13474 경기도 성남시 분당구 판교로210번길 14, 101호
전화 070-8849-5340 | 팩스 0505-300-2727 | 전자우편 flyingstarbook@naver.com
인스타그램 www.instagram.com/flyingstarbook

Copyright ⓒ 김성범·황진희, 2019

ISBN 979-11-88574-11-7 03370 | 979-11-88574-05-6(세트)

이 책의 내용을 재사용하려면 반드시 저작권자와 나는별 양측의 서면 동의를 받아야 합니다.
잘못된 책은 바꾸어 드립니다. 책값은 뒤표지에 있습니다.

이 책의 국립중앙도서관 출판예정도서목록(CIP)은
서지정보유통지원시스템 홈페이지(http://seoji.nl.go.kr)와
국가자료공동목록시스템(http://www.nl.go.kr/kolisnet)에서 이용하실 수 있습니다.
(CIP제어번호 : CIP2019037063)

이 도서는 한국출판문화산업진흥원의 '2019년 출판콘텐츠 창작 지원 사업'의 일환으로
국민체육진흥기금을 지원받아 제작되었습니다.